会計史断章

中村 萬次 著

萌書房

序

　題して『会計史断章』と云う。文字通り断章である。前後に脈絡がないと思うが，そうではない。各章は史的唯物論で貫かれている。史的唯物論は弁証法的唯物論の諸命題を社会生活の研究において拡げたものであり，ここでは社会生活の諸現象の研究を，社会史に適用したものである。社会史の研究は史的唯物論の一側面にすぎないから，弁証法的唯物論の諸命題が貫通しても差支えない。

　会計史の研究は会計理論の単なる偶発的な集積や断片的な集約とみなさないで，それぞれ関係のあるひとつの全体系であって，それぞれの諸現象は互いに有機的に結びつき，互いに依存しあい，互いに制約しあっているのである。だから会計史現象はそのどれひとつを取ってみても孤立したものでなくて，法的・経済的諸現象との関連なしに捕えるならその本質を理解することはできない。どのような会計史現象もそれを囲繞する現象と不可分に関連してこそ理解され，基礎づけられるものである。

　史的唯物論は形而上学とは反対に，歴史を停滞と変動，静止と運動の状態とみて，そこで何かの発生と発展，破壊と創生をみるものでなければならない。形而上学とは反対に，事物の発展の歴史を量の変化が，質の変化をもたらすとしても，それは質の変化が偶然ではなく合法則的にあらわれるものである。筆者はかつて北海道大学の低温科学研究室で教えられたことがある。それは水を加熱すれば気体となり，冷却すれば固体への飛躍がある。然しこの転化には一定の条件がある。風が吹くか，机を叩くかの刺戟が必要である。この物理学上の原則は，社会革命の原則でもある。誰もが必要だと納得できる科学が生まれる時，「理系の壁」から姿を消して行くものと考えたい。

　会計史研究に当たって計算上の技法やその形成的変貌だけをみて，それをもたらした経済的視点を見落としては，その意図を読み取ることはできない。すべての現象は，本質と姿を変えて登場するものである。

本書の構成とその概要は，次の通りである。

　第1章は，会計史研究の方法を具体的に叙述している。会計史研究を文献解明の域にとどめるだけでは不十分で史的唯物論を土台にして史的・発展的に把握しなければならない。従来の学説では解明されていない貸借理論や簿記と会計学との相違を為政者の権力構造との関係で捕えなければならない。会計原則や会計理論は，権力構造の変転とともに変化する。その非科学性の追究こそ学徒に課せられた使命なのである。学徒は常に大衆への奉仕を旨とせねばならない。徒らに理解困難な貸借理論を叙述して，よしとし，その根底に横たわる擬制された資本概念を無視してはならない。

　第2章は，バベイジの原価理論を叙述したものである。彼は「階差機関」を製造し，現代の電子計算機のパイオニアとしても有名である。幸い私の手許には彼の著書『On The Economy...』の初版から2版，3版，4版が手持していたので，これを借用して原価理論を叙述している。1825年には人類が初めて経験した過剰生産恐慌があり，そのため市場価格を計算する基礎となる原価切下げが必要となったことを明らかにした。彼は材料費や労務費の分析を行なったが残念乍ら間接費や原価償却費の分析を行なっていない。彼の論説が原価計算の必要を論じた最初の文献であるといわれているが，フランスのゴダード（Godard）やその後の研究者によって批判されている。

　第3章は，イギリスの鉄道会計の先駆者としてマーク・フイッシュを採りあげている。彼は巨大鉄道会社ロンドン・アンド・ノースウェスタン鉄道の総支配人としての財務および管理上の専門的経営者として先駆的業績を発揮した。帳簿記録，管理会計，原価計算，減価償却，経営組織，統計，現金収支計算書，貸借対照表，損益計算書等の作成からテクノロジーに至る未到の分野にまで斧鉞を加え，科学的視野に立って，取締役会の意思決定に必要な情報を提供した。その根源には，彼がかつて印度軍の指揮下に入っていた時に覚えた簿記の知識が役立った。彼が残した科学的管理は他の鉄道の首脳部だけでなくラードナーやマルクスにまで利用された。

第4章は，アメリカの鉄道スペキュレーターのジョイ・グールドについて叙述したものである。彼は簿記や会計の知識を持っていなかったが，アメリカでの鉄道ブームに便乗して，エリー鉄道の争奪戦に勝ち残ってから当時暴落した有価証券を次々と入手して，多数の鉄道会社を手中に納め，平気で友人をも売る，抜け目のないスペキュレーターとして鉄道帝国に君臨した人物である。グールドに批判的な学徒も多いが，アメリカに証券投資をもたらした人物として肯定する学者もいる。彼は資本主義の恥部をよく知ってそれをうまく利用したまでであるといえる。

第5章は，英米鉄道会社の資金調達の比較研究をすることによって，複会計組織が何故イギリスで行われ，アメリカでは採用されなかったかを物的に論証したものである。1868年の鉄道規制法によって，イギリスの鉄道会社は正確な財政状態の表示を義務づけられた。すなわち複会計組織と云われるものである。アメリカの鉄道会社はイギリスからその組織を導入したのに複会計組織を継承しなかったのか，この疑問を技術的に解明するのでなく資金の点から分析することによって英米両鉄道会社の恣意的な重役達の行動と，アメリカの連邦または州政府からの援助なしに資金を充たし得られなかった点を指摘している。

　本書を構成する素材となった論文は，次のごとくである。なかには新たな構成のもとで書き改めねばならなかった部分もあるが，当方の年齢や健康を考えて，再採用したことを了とされたい。

第1章　「会計史研究の方法」『四日市大学論集』第16巻第1号，平成15年9月。
第2章　「C. Babbage の原価理論」『四日市大学論集』第11巻第2号，平成11年3月。
第3章　「Mark Huish, イギリス管理会社の先駆者」『四日市大学論集』第13巻第1号，平成12年9月。
第4章　「Jay Gould, 鉄道スペキュレーター」『四日市大学論集』第14巻第1号，平成13年9月。

第 5 章 「英米鉄道会社の資金比較研究」『四日市大学論集』第17巻第 1 号，平成16年 9 月。

　本書の意図は，『英米鉄道会計史研究』『米国鉄道会計史研究』および『恐慌と会計—鉄道会計史の視座—』その他の著述によって明らかにされている。筆者は齢（よわい）「卒寿」に達し，多くの恩師，先学，学友，戦友を喪い，彼等の指導と恩恵を感ずるもの切ないものがある。ここに謹んで敬悼の意を表します。
　本書の出版に当たっては，学業の時間を削いて厄介な校正と適切な助言を与えられた足立　浩教授に厚く御礼申し上げる。市場性の乏しい本書の出版を引受けられた萌書房社長白石徳浩氏のご配慮に感謝の意を表します。

　2004年12月10日

於白鷺城下
中 村 萬 次

目 次

序

第1章　会計史研究の方法 … 3
Ⅰ　序 … 3
1　なぜ鉄道会計史に関心を持ったのか … 3
2　簿記史と会計史 … 4
Ⅱ　日本における会計史研究の方法―過去― … 6
1　イギリス東インド会社平戸商館 … 7
2　オランダ東インド会社平戸商館 … 10
Ⅲ　会計史研究の方法―現代― … 11
1　資本主義会計学の否定 … 12
2　機能資本と擬制資本――その対立と統合―― … 13
Ⅳ　方法論への展望 … 16
Ⅴ　結　語 … 17

第2章　C. Babbagage の原価理論 … 19
Ⅰ　序 … 19
1　Babbage の生涯 … 19
2　Babbage と鉄道 … 20
3　*On The Economy of Machinery and Manufactures.* … 21
Ⅱ　Babbage を論じた文献 … 22
1　会計学 … 22
2　経済学 … 27
3　経営学 … 28
Ⅲ　原価構成 … 32
1　材料費 … 32

   2　賃金（労務費）……………………………………………………34
   3　（製造）経費（expenses）…………………………………………38
 Ⅳ　原価計算表（工程別原価計算表）……………………………………43
   1　必　要………………………………………………………………43
   2　目　的………………………………………………………………45
   3　例　示………………………………………………………………47
   4　資本利益率…………………………………………………………49
 Ⅴ　結　語……………………………………………………………………50

第3章　Mark Huish, イギリス鉄道管理会計の先駆者 …………53
   ——ロンドン・アンド・ノース・ウェスタン鉄道——
 Ⅰ　序…………………………………………………………………………53
 Ⅱ　経　歴……………………………………………………………………53
   1　印度軍………………………………………………………………53
   2　Glasgow, Paisley and Greenock 鉄道……………………………54
   3　Grand Junction 鉄道………………………………………………56
   4　鉄道会社の会計実態と法的規制…………………………………58
 Ⅲ　London and North Western 鉄道………………………………………59
   1　設　立………………………………………………………………59
   2　月次報告書—意思決定手段………………………………………61
   3　減価償却……………………………………………………………62
   4　道床・レール………………………………………………………66
   5　Lardner および Marx への影響 …………………………………67
 Ⅳ　管理の実態………………………………………………………………70
   1　株主資本利益率……………………………………………………70
   2　資本収支計算書……………………………………………………70
   3　管理組織……………………………………………………………76
   4　原価計算・統計・労務・テクノロジー…………………………76
   5　運輸協定・プーリング……………………………………………81
 Ⅴ　退　職……………………………………………………………………82
 Ⅵ　結　語……………………………………………………………………83

第4章　Jay Gould，鉄道スペキュレーター……………………85
- Ⅰ　序………………………………………………………………85
- Ⅱ　経　歴…………………………………………………………86
  - 1　出　生………………………………………………………86
  - 2　原始的資本の蓄積…………………………………………87
- Ⅲ　Erie 鉄道を巡る争奪戦………………………………………89
  - 1　Erie Railroad………………………………………………90
  - 2　Erie War……………………………………………………93
- Ⅳ　Union Pacific Railroad の支配………………………………98
  - 1　代行による間接支配………………………………………98
  - 2　Gould の鉄道帝国…………………………………………99
- Ⅴ　Western Union Telegraph への投機・Gould の死去………104
- Ⅵ　結　語…………………………………………………………105

第5章　英米鉄道会社の資金比較研究……………………………109
- Ⅰ　序………………………………………………………………109
- Ⅱ　イギリスにおける企業の資金の調達………………………110
  - 1　イギリス運河会社の資金の調達…………………………110
  - 2　イギリスの鉄道会社の資金の調達………………………115
- Ⅲ　アメリカ鉄道会社の資金の調達……………………………132
  - 1　アメリカの水路と運河会社の資金調達…………………132
  - 2　アメリカ鉄道会社の資金調達……………………………134
- Ⅲ　政府等による鉄道会社への援助……………………………137
  - 1　連邦政府による土地付与…………………………………137
  - 2　州等自治体による援助……………………………………138
  - 3　陸軍技術者による援助……………………………………139
  - 4　アメリカ鉄道会社の資金源泉上の特徴…………………140
- Ⅳ　結　語…………………………………………………………142

＊

索　引……………………………………………………………………143

会計史断章

第1章　会計史研究の方法

I　序

1　なぜ鉄道会計史に関心を持ったのか

　もともと筆者は会計学はひとつのアートであって理論ではないと思っている。Accounting is an Art. とはよくいったものである。会計学は政策によって裏付けされた理論であって普遍妥当性をもった科学ではない（not science）。棚卸資産の多様な評価方法の是認，加速償却や投資減税の採用，デフレーション下の有価証券評価損の増大による影響を恐れて，部分時価主義会計を主張したり，減損会計による工場や不動産の含み損の増大による株価の下落を考慮して，その適用時期を決算制度に配慮したりするのはその例である[1]。それらは資本主義固有の諸矛盾に対応して決定されるものである[2]。ここに会計史研究の基盤がある。会計学は技術であり政策の子であるから，企業は実践に当たって多くの策略を弄する。白い富士にも描けば，赤い富士にも仕上げる。積極的な粉飾もすれば，消極的な操作もする。これらの政策的な配慮が特徴的に出現するのはインフレーション期やデフレーション期で，とくに恐慌期の財務において露呈される[3]。

　会計は出資者の要請に応じて期間に区切って配当をしなければならない。期

---

1) 『朝日新聞』2003年3月11日。
2) イギリスの初期においては，会計は企業の立場から自由に選択して決定したのであるが，やがて権力による介入が行なわれるようになった。中村萬次『英米鉄道会計史研究』同文舘出版，平成3年，pp. 11, 59, 176.
3) 中村萬次『恐慌と会計―鉄道会計史の視座―』晃洋書房，1997年，p. 27.

間損益計算の制度化がそれである。期間計算の矛盾は，長期耐用の固定資産の価値減耗計算，すなわち減価償却計算の疑念となって現れる。減価償却政策は，企業会計の諸矛盾の基本である。

筆者は，1969年（昭和44年）4月，「現代会計理論成立過程の研究」のため，主としてロンドン大学に留学した。実際の調査研究としては，British Transport Board Archivist, Historical Records に日参した。研究対象は，世界最初の公共鉄道であるリバプール・アンド・マンチェスター鉄道（The Liverpool and Manchester Raiway. 以下 L・M 鉄道）の建設時から1838年に至る営業報告であった。当時会計史研究の主流は，欧米文献の翻訳であったので，是非とも一次資料に依拠して会計史研究の業績をと気負っていた。その成果の一端を「イギリスにおける初期鉄道業の会計報告」と題して，日本会計研究学会第29回大会で報告した。[4] 後日小編著『原価計算発達史論』に転載した。L・M 鉄道の営業報告だけでなく，鉄道の減価償却に関心を寄せたのも当然であった。

初期の鉄道は，機関車・トンネル・橋梁・レール・土地等に莫大な資金を投下せねばならなかった（表1-1参照）。鉄道建設に投下された有形固定資産の減耗費をどの程度に見積り，回収するかは難題である。機関車やレールは，輸送量の増大に伴う技術の進歩もあり，減耗度は異なる。Amortization や廃棄の問題も生じ，それが損益計算に影響する。なぜ鉄道会計史研究に関心を持ったのかといえば，鉄道に投下された固定資本の費用化に不信を懐いたからである。マルクス（K. Marx）は娘に諭した。「すべてを疑え」と。

2　簿記史と会計史

簿記（Book-Keeping）と会計（Accounting）とは，どこがどう違うのか。簿記は文字どおり帳簿記録をいう。したがって記述の内容は技術的に流れる。単式簿記であれ，複式簿記であれ，帳簿記録の技術が簿記の内容となる。会計は簿記によって記録された結果の開示（disclosure）である。開示の内容は企業の自由であったが，現在では制度化されている。簿記は技術であり，会計は

4）『會計』第99巻第4号。神戸大学会計学研究室編『第五版　会計学辞典』同文舘出版，平成9年，p. 90 では，簿記は計算技術だといい，会計学は理論的な科学である，と述べている。

表 1-1　L・M 鉄道

COST of the whole, including salaries, and anticipated expenses before entire completion, about	£820,000
The Tunnel cost, including about £10,000 compensation to individuals, for houses, damage, & c. about	44,770
Small Tunnel	2,480
The Sankey Viaduct	45,200
Newton Ditto	5,300
Rainhill Ditto	3,700
Irwell Bridge, about	4,500
Chat Moss	27,000
Land, about	130,000
Cuttings and Embankments	200,000
Iron Rails	70,000
Building the bridges, making the road, salaries, waggons, & c. & c. constituted the remaining expenses	

（James Scott Walker, *An Accurate Description of the Liverpool and Manchester Railway*, 1830, p. 45.）
（中村萬次稿「イギリスにおける初期鉄道業の見積原価比較」『會計』第98巻第2号参照。『原価計算発達史論』国元書房、昭和59年所収。）

開示の様式なのである。簿記史は帳簿記録の歴史であって、会計史は簿記技術による結果の開示様式の歴史である。したがって簿記史と会計史とはその内容を異にする。しかし簿記史と会計史とを明確に区別する論者は尠ないし、混同して表示する研究者も多い。

　Book-Keeping を簿記と邦訳するのは[5]、その歴史性に鑑みてよしとするにしても、Accounting を会計と訳さずに会計学と訳するのは、その本質から考えて賛同できない。なお、Accounting の行う業務を Accountancy ということを付加しておく[6]。

5）　神戸大学会計学研究室編、前掲書、pp. 1124-1125.
　　西川孝治郎『簿記の語源に関する資料展観目録』昭和39年、参照。
　　黒澤　清『日本会計学発展史序説―付『會計』目録索引―』雄松堂書店、昭和57年、p. 62.
6）　反対説　田中章義稿「日本会計学史研究の課題」日本会計史学会『会計史学会年報』1987年（第6号）p. 22.

II 日本における会計史研究の方法—過去—

日本における会計史研究は，洋式簿記の訳出から始まった。Bryant and Stratton's *Common Schools Bookkeeping*, 1861.（原本は1871年か）が福澤諭吉によって『帳合之法』と題して邦訳され，慶應義塾出版局から初編2冊（単式簿記）が出版された。しかし，諭吉の弟子達がその普及に努めたが，一般には旧来の大福帳が使用されて，受入れられなかったようである。諭吉が複式簿記を紹介したのは明治7年6月で，後編の2冊がそれである。[7]明治5年の学制発布があり，明治8年には一橋大学の前身である商法講習所が，続いて各所に多くの学校が開設された。兵庫開港に備えて明治11年，県営による神戸商業講習所（支配人は慶應出身の甲斐織衛）（県立神戸商業学校の前身）が開設され諭吉の教え子達が簿記教育を行った。

国立銀行条例の制定後，英人アラン・シャンド（Alexander Allan Shand）が大蔵省に着任し，英文による銀行簿記を記述し，明治5年12月に完成した。明治6年その翻訳が大蔵省から『銀行簿記精法』と題して全5巻で出版された。[8]大蔵省紙幣頭吉川顕正がその監修者であった。アラン・シャンドの銀行簿記が，当時の銀行を通じて一般商人に普及し始めた。とくにその収支簿記法および伝票式簿記が日本式簿記法として後日簿記の普及に役立った。顕正は『銀行簿記精法』の序に「天下ノ事会計ヨリ重キハナシ」と謳っている。[9]

次いで簿記史上の貢献者を挙げると，小林儀秀であろう。彼は米人 C.C. Marsh, *A Course of Practice in Single-Entry Bookkeeping*, 1871. および *The Science of Double Entry Bookkeeping*, 1871. を訳して『単式簿記實習書』および『複式簿記学』を出版した。簿記を単式と複式に分った功績は彼に負うものである。後日文部省の名で『馬耳蘇式記簿法』（明治8年3月）全5巻として出版されたので，洋式簿記の普及に大いに役立った。その後明治初期には多

---

7) 黒澤　清『日本会計学発展史序説』雄松堂書店，昭和57年，p.2.
8) 西川孝治郎『日本簿記史談』同文舘出版，昭和46年，p.108. 同教授『簿記ことはじめ解題』雄松堂，昭和55年（復刻版）所収.
9) 黒澤，前掲書，p.10.

くの簿記書が出版され，日本資本主義の開花期に貢献した。その他強いて挙げるなら森下岩楠・森島修太郎（後に三菱商業学校校長）共著『簿記学階梯』および黒澤教授および西川孝治郎教授の掲げる海野力太郎『簿記学起源考』であろう。[10]

日本資本主義の黎明期においては，いかに洋式簿記の輸入に汲々としていたかがわかる。商人の多くは，「よみ，かき，そろばん」が主体で，大福帳への記帳が多く洋式簿記の普及は遅々たるものであった。

『帳合之法』や『銀行簿記精法』以前に，我が国では洋式簿記の輸入がなされていたが，それは，平戸や長崎の商館のそれであった。

1　イギリス東インド会社平戸商館[11]

産業革命を経過したイギリスにおいて，いまだ15世紀においても複式簿記を認識していなかった。イギリス東インド会社が，平戸商館で簿記心得のあった職員を任命したというが[11]，簡単な取引記録を記帳していた程度であろう。イギリスで残存している複式記録は，1436年から1439年の間のイタリア系英国支社の Borromeo Company of London であるといわれている。[12]

イギリス東インド会社は，1600年設立され，その後新旧会社の合併もあり，それらを総称して東インド会社と呼んでいる。イギリス東インド会社は，慶長18年（1613年），徳川家康の「朱印状」を得て平戸に商館を開設した。[13] それは中国貿易で生糸を得，それを日本で販売し，日本の銀を得ることが目的であった。ところが同社は，商売を利用してキリスト教を広め，領土侵略の野望があるとみなされたのと，オランダとの競争に破れたことから，元和9年（1623年

10）　黒澤，前掲書，p. 111. 西川孝治郎「簿記ことはじめ　第Ⅱ期・第4回解題」雄松堂，昭和57年，p. 27.

11）　イギリス東インド会社の平戸商館（English Trading House in Hirado）は慶長18年（1613年）から元和9年（1623年）の間，家康の「朱印状」によって貿易の許可を得たが，オランダとの競争に破れて撤退した。平戸市史編さん委員会『平戸市史研究』第3号，1997年，pp. 7，25.

12）　石井義信稿「東インド会社の財政問題」『大阪商業大学論集』第25号，昭和42年，p. 57.
　　上野正男稿「James O. Winjum の会計史観を中心に」和光大学社会経済研究所『和光経済』第13巻第1号，p. 3. 小島男佐夫『英国簿記発達史』森山書店，昭和46年，p. 29.

13）　西村孝夫『イギリス東インド会社史論―イギリス東インド貿易及び貿易思想史研究への序論―』大阪府立大学経済研究叢書第一冊，昭和35年，p. 1.

表 1-2　オランダ平戸商館　仕訳帳

	94 stx dito, lanck 18 voet, breet ende dick	
	als vooren á T. 1 : 8 : - ider ·································	T.　　169 : 2 : -
	49 stx eijcke dito tot roopaerden, lanck 7 ½,	
	breet 3 voet, dick 6 duijm a T. 6 : - ider ··············	T.　　294 : - : -
	650 stx swalpen monteeren································	T. 1.781 : 4 : -
	116 stx tonga plancken van verscheijde breete	
	T. 1 : 3 : - ider ·································	T.　　150 : 8 : -
	Somma ·········	T. 1.932 : 2 : ƒ. 5.506 : 15
17/21	【6】　adij 6 Januarij 1638	
	Per Itsiseijmondonne, houtcooper aen Cassa ƒ. 1.500 : 4 : 13, T. 526 : 4 : -	
	voor sooveel hem van Compagnie was competeerende ende tot vereffeningh van de geleverd	
	houtwercken contant betaelt is.	f. 1.500 :　4 : 13
	【7】　adij 6 Januarij 1638	
	Per d'onderstaende partijen aen Farima Croseijmondonne ƒ. 7.492 : 10 : 2, T. 2.628 : 9 : 5	
	voor sooveel deselve comen te monteeren ende ten prijse als volcht van hem ontfangen	
	te weeten :	
29	per IJser voor 47.872 cattij suijver gewicht staeff dito	
	á T. 3 : 8 : 6 't picol ·································	T. 1.847 : 8 : 5　ƒ. 5.266 :　7 :　7
30/30	per Japansche campher voor 7.811 cattij suijver gewicht	
	á T. 10 : - : - 't picol ·································	T.　　781 : 1 : -　ƒ. 2.226 :　2 : 11
	Somma ·········	T. 2.628 : 9 : 5　ƒ. 7.492 : 10 :　2
21	【8】　adij 8 Januarij 1638	
	Per Cassa aen d'onderstaende partijen ƒ. 332. 811 : 12 : 1, T. 1.116. 776 : - : -	
	voor sooveel van deselffde tot vereffeninge ende minderinghe van 'tgeene aan de Generale	
	Compagnie schuldich zijn, in comptant ontfangen is, te weeten :	

第 1 章　会計史研究の方法　9

4	aen Sackobeijdonne in Firando	T. 2.926 : - : -	ƒ. 8.339 : 2 : -
6	aen Toseijmondonne van Saccaij	T. 18.458 : 8 : 5	ƒ. 52.607 : 14 : 8
14	aen Soijemondonne ende Stibioijedonne	T. 15.939 : 4 : -	ƒ. 45.427 : 5 : 13
23	aen Daijmonsia, coopman in Miaco	T. 35.200 : 9 : 7	ƒ. 100.322 : 15 : 5
15	aen Angaija Croijemondonne	T. 9.293 : 4 : 3	ƒ. 26.486 : 5 : 7
15	aen Sacatta Soijsirodonne, coopman in Miaco	T. 12.000 : - : -	ƒ. 34.200 : - : -
22	aen Focxima Sinseijmondonne	T. 12.809 : 7 : 5	ƒ. 36.507 : 15 : 13
18	aen Grobbedonne ende Jassoseijmondonne	T. 3.077 : - : -	ƒ. 8.769 : 9 : -
24	aen Daijsiendonne, regent [in Firando]	T. 354 : - : -	ƒ. 1.008 : 18 : -
23	aen Conis Simbedonne	T. 6.716 : 6 : -	ƒ. 19.142 : 6 : 3
	Somma	T. 116.776 : - : -	ƒ. 332.811 : 12 : 1

【 9 】adij 10 Januarij 1638

7/21	Per Sungij plancken aen Cassa ƒ.1.199 : 2 : 12, T. 420 : 7 : 5 dat monteeren 561 stx dubbelde dito á 7 maes 5 condrijn ider comptant betaelt.		ƒ.1.199 : 2 : 12

【10】adij 10 Januarij 1638

27	Per 't Comptoir generael tot Batavia aen d'onderstaende partijen ƒ. 543.001 : 10 : 13 over sooveel naervolgende comptanten ende goederen comen te monteeren, gescheept ende geladen door ordre van de E. president Micolaes Couckebacker in 't jacht Oudewater vertreckende van hier naer Taijouan, geconsigneert aen d'E. heer Johan van der Burch, raet van India ende gouverneru ofte Zijn á. gecommitteerde aldaer, te weeten :		
21	aen Cassa voor T. 180.000 ordinarij schuijtgelt, zijnde gepack in 180 viercante houte casken met kennepelijn gebonde ende versegelt á ƒ. 2 : 17 per taijl	T. 180.000 : - : -	ƒ. 513.000 : - : -

（平戸市史編さん委員会『平戸市海外史料編Ⅱ』平成13年，p. 6。）

—1622年という説もある）僅か10年で商館を閉じることになった。[14]

2　オランダ東インド会社平戸商館

　家康はイギリス東インド会社に「朱印状」を与えたが，それより先1609年にオランダに「朱印状」を与えている。平戸市は交流400年を記念して平成10年『平戸市史』を発刊し，その「海外史料編Ⅰ・Ⅱ・Ⅲ（Ⅰは末完）」に，1630年代の仕訳帳（Negotie Journal）の原文と訳文とを載せている。[15]表1-2に掲記したのはその一部である。

　永積洋子教授によると，仕訳帳は1620-1640年まで13冊，元帳（Negotie Groot Boek）は1624-1640年まで10冊現存しているといわれている。[16]故科野孝蔵教授は，オランダ東インド会社の会計は複式簿記を採用していたとはいえ，まったく原始的で，資本金勘定，損益計算書も作成されず，各カーメル（Kamerある種の支店）から提出された貸借対照表の集計で，財政状態の表示ではなかったと指摘している。[17]

---

14)　Hitomi Oyama, The English Trading House in Hirado and the Establishment of the Memorial.『平戸市史研究』第3号, p.7. 平戸市史編さん委員会『蘭英商館と平戸藩』平戸歴史文庫2，平成11年, pp.33, 80. イギリス東インド会社の会計については茂木虎雄教授によって詳しいが，残念ながら平戸商館のそれについてはふれていない。茂木虎雄『イギリス東インド会社会計史論』大東文化大学経営研究所叢書11, 1994年。前田秀人氏によると，現在大英図書館には日本関係の史料が保管されているが，その うち平戸関係の史料は「東洋並旧印度省コレクション」として，かつての東インド省図書館より引継いだ史料群とともに保管されている（なお，同図書館は大英図書館とは別に現在ブラックフライヤー通りに所在する）。目録によると，イギリス商館の会計帳簿などが所蔵されていると述べている。小関彰博・八木原友子・前田秀人稿「セーリスの埋葬地とアダムスの生誕地を訪ねて」平戸市史編さん委員会『平戸市史研究』第3号, p.28.

15)　オランダの簿記史については, Dr. O. ten Have, De geschiedenis van het boekhouden. 三代川正秀訳『会計史』税務経理協会, 昭和62年。故田中藤一郎教授『複式簿記発展史論』評論社, 昭和36年, p.149.

16)　永積洋子『平戸オランダ商館日記―近世外交の確立―』講談社学術文庫, 2000年, pp.141, 322.

17)　「仕訳帳」については岡山芳治稿「平戸オランダ商館の取引と会計処理―1640年仕訳帳より―」『平戸市史研究』第6号, p.102. 行武和博「報告」「平戸でのオランダ船貿易の実態」前掲書，第5巻, p.72. なお第6巻, pp.108, 158 には合同東インド会社の日本関係史料として平戸・長崎の商館長日記のほか，「惣勘定帳」（仕訳帳と元帳）が収納されていると述べている。
　山脇悌二郎氏はその著書の「まえがき」において，「オランダ・ハーグ市の国立中央図書館には，オランダ東インド会社関係の文書が保管されており，日本関係の文書だけでも取引帳簿や積荷の送り状など非常に多量である」という。なお「長崎商館では十一月一日から翌年の十月末日までを一会計年度として決算をおこなう。決算では損益計算書と貸借対照表の作成はないが，総

日本在来の「帳合」に対するオランダからの洋式簿記の影響は大きかったが，それだけではない。フランス人ヴェルニー（François Léonce Verny）やポルトガル人ブラガ（Vicente E. Braga），既述のスコットランド人アラン・シャンド等による幕末から明治初期にかけての実務的指導が，日本の資本主義の発展に与えた影響を無視することはできない。
　以上要するに，幕末から明治にかけての我が国の会計史は，欧米先進国の洋式簿記の吸収に汲々としていたことは明らかである。ゾンバルト（W. Sombart）のいうように，日本資本主義の発展に貢献するのが目的であった。それは会計学の導入というよりは，簿記実務の普及と実践および教育の普及であったといえるであろう。

III　会計史研究の方法―現代―

　ここで現代とは，昭和期から平成期を併せていう。会計史研究の代表的な著述には，故黒澤教授がある。教授は我が国会計学発展の軌跡を辿り，それは技術としての簿記でなく「文化史的意義」を持つという。その方法として，三段階説を強調している。第一は，福澤諭吉の『帳合之法』およびアラン・シャンドの『銀行簿記精法』である。第二は，日本会計学会の創立（大正6年）を高峰として，機関誌月刊『會計』の発行である。第三は，日本会計研究学会の創設（昭和13年）である。その貢献者として吉田良三，太田哲三，長谷川安兵衛および黒澤　清を挙げている[18]。いささか我田引水のきらいがある。方法上の特

　　勘定元帳の本店勘定が損益計算書と貸借対照表を併合した形式の記帳になっていて，この勘定で期間の終わりの財政状態を明らかにする」「その取引帳簿は，十四世紀にイタリアで創案されたイタリア式簿記が現代簿記に進化するまえの過渡的な簿記であって，中世的技術と近代的技術とが同居するものなので云々」と述べている。山脇悌二郎『長崎のオランダ商館―世界のなかの鎖国日本―』中公新書，昭和55年，p. 42.
　　科野孝蔵『栄光から崩壊へ―オランダ東インド会社盛衰史―』同文舘出版，平成5年，p. 90.
　　茂木虎雄稿「イギリス東インド会社前半期の元帳における資本金（ストック）勘定の展用」『立教経済学研究』第36巻第3号，1983年，参照。科野孝蔵教授は，旧制神戸高商出身で貿易に36年間従事され，会計処理について鋭い批評もあり，詳細な業績が残されている。科野孝蔵『オランダ東インド会社―日蘭貿易のルーツ―』同文舘出版，昭和59年，p. 109. 同教授『オランダ東インド会社の歴史』同文舘出版，昭和63年，p. 35.
　18）　黒澤　清『日本会計学発展史序説―付『會計』目録索引―』雄松堂，昭和57年，序。

徴は，会計学を「文化史的」に展開しようとしているが，何が文化史的であるかは明らかにされていない。恐らく日本資本主義の発展への貢献を意味すると推察できる。

　次に挙げるとすると，故小島男佐夫教授の諸著書がある。しかし教授の著述は簿記書史であって，会計史の研究方法ではない。西川孝治郎・田中藤一郎・片岡義雄および泉谷勝美諸教授の各特徴のある著述・論説があるが，ここでの方法論の展開とは無縁である。江村　稔教授によると「会計史の研究は，かかる文献解明の域にとどまって，過去の文明の遺産の単なる礼讃におわることは許されない」と述べている。続けて教授は「会計，特に，複式簿記を完成せしめるに至った根本的動機を，社会経済的発達のなかに求める」[19]という。まさに味わわねばならぬ文言であろうが，当時はリトルトン（A. C. Littleton）の『会計発達史』が片野一郎教授によって訳出，出版された（昭和27年）し，その他欧米の多数著述が出版され紹介されたので，その影響も多分にあったであろう。

1　資本主義会計学の否定

　ここで会計史研究の方法について私見を述べておくことにする。真に科学的な会計学は，資本主義社会に内包する諸矛盾の解明から始まらなければならない。現代会計学への批判はそこから始まる。批判は科学者の任務であるが，会計学への批判は部分的なものもあれば，総括的な側面もある。真の批判は，その階級的構造の暴露，資本主義的科学性の否定でなければならない。現存する会計学の全面的否定がその任務なのである。既存会計学が資本主義体制の強化，その理論と実践との諸矛盾の打破を意図している限り，その全面的否定に焦点を合わせなければならない。かつてマルクスは「事物の本質と現象とが，直接的に一致するものなら，すべての学問は余計なものとなろう」と述べている。会計学の理論・政策・実践はその理論のとおりに本質を現してはいない。そのなかの階級的性格を析出するのが「科学の任務」である。エンロン（Enron

---

19)　江村　稔『複式簿記生成発達史論』中央経済社，昭和28年，序，p. 312.

Corp.）やワールドコム（World Com）の粉飾はその一例に過ぎない。帝国主義国家アメリカの指導する世界的レベルでの会計理論や監査制度への不信は，こんにち蔽い難いものになっている[20]。

現在の会計理論の根底には「真実性の原則」がおかれている。真実性とは何かについて我が国の「会計原則」の起案者のひとりである故黒澤　清教授は「それに正しく答えることは，かならずしも容易でない」と述べている。ハットフィールド（H. R. Hatfield）も「相対的かつ制度的な意味においてである」と述べるに止まっている。権力的介入を示唆したものであろう。

「会計学者は『会計理論』だけを追求すれば良いのだ」といった若い学徒がいた。それは世界観も哲学も社会学にも無知な馬車馬的思考であろう。

欧米資本主義国にならって，インフレーション下ではインフレ会計を，デフレーション下では時価主義を採用しようとする風潮がある。この日和見主義的主張がなされているが，そのうち環境の変化によって保守主義への復帰が主張されるであろう。かつての会計理論は，資本主義経済の発展段階に応じて，資本の蓄積に貢献して来た。それも新しい段階に照応した会計理論にとって替えられる。会計論理の構造は常にカメレオンの色のように変転する。会計理論は権力者の政策に過ぎない。資本主義会計学の持つ理論構造の非科学性の究明こそ，会計史研究の学徒に課せられた責務である。学徒は権力者に迎合することなく，大衆への奉仕者でなければならない。われわれの意識は，個人の意思とは関係なく，人間社会の物質的な生産力の段階によって決定されるのである。

2　機能資本と擬制資本──その対立と統合──

初学者が複式簿記を理解するに当たって一番困るのは，借方と貸方，その複式記録についてであろう。何故「複記」しなければならないのか，その理論的根拠は何かということであろう。

パチョーリの研究家故片岡義雄教授は「財産目録の項目を元帳及び仕訳帳に

20）千葉準一教授はいう。「アメリカの会計制度の極めて重要な影響と多大な貢献があった時期は，……昭和27年に至る期間の中核をなす」千葉準一『日本近代会計制度─企業会計体制の変遷─』中央経済社，平成10年，p. 15.

記載するためには，一つを『現金』といい，他を『資本』と呼ぶところの二つの用語を創造しなければならない」といい，「『現金』はあなた方の所有物または財布を意味し，『資本』はあなた方の所有物の総額を意味するものである（註解は省略）」と述べている。ここで「現金」とは金・銀・銅の鋳貨や宝石を意味し，こんにちの不換紙幣（擬制資本）ではない。仕訳帳における債務者を「借方」といい，債権者を「貸方」と呼ぶ。[21]その理由は，貨幣の出資者には後日いつかは貨幣を返却しなければならないから，債務と考えたのであろう。

資本主義経済の確立以前において，既に機能資本と擬制資本の認識があったのには敬服する。マルクスは資本をStockと解し，在庫品からのcapitalへの転化と考えているが，資本の二重性の把握については言及していない。[22]企業に提供された資本は，出資者の手を離れると企業主の自由処分にゆだねられており，再び出資者の自由にはならない。出資者には拠出を証明する「紙切れ」だけが残る。株式とか社債とか出資証券といわれるものがそれである。売れば「現金」になるというが，出資証券の還流があるだけで，証券所有者全体としては出資金は戻らない。証券等は資本でないものを資本として擬制したもので，投下された資本は機能資本として企業内で運動している。

貨幣は貨幣のままでは自己増殖できない。Money does not breed money（W. Phillips）であるから，必ず姿態を転換しなければならない。すなわち

$$G-W\Big\langle{}^{A}_{Pm}\cdots P\cdots W'-G'(G+g)$$

機 能 資 本 ＝ 擬 制 資 本

この対立と統合とが複式簿記の基本的構造なのである。勘定様式で表すと図1-2のごとくなる。

現今ではエンロンのように特別目的会社等を使っての簿外取引や擬制資本

---

21) 故片岡義雄教授『増訂パチョーリ「簿記論」の研究〔第二版〕』森山書店，昭和42年，pp. 78, 297.

22) 資本や貯蓄や投資という概念を生みだしたのはケネー（F. Quesnay）であるといわれているが，初学者が迷うのは「もとで」でなく資本金，資本準備金，利益準備金であろう。資本金の成立については，泉谷勝美教授稿「資本金勘定の実務―『スムマ』への径―」日本会計史学会『会計史学会年報』1994年（第13号），p. 14，参照。

図1-1 パチョーリの（元帳）

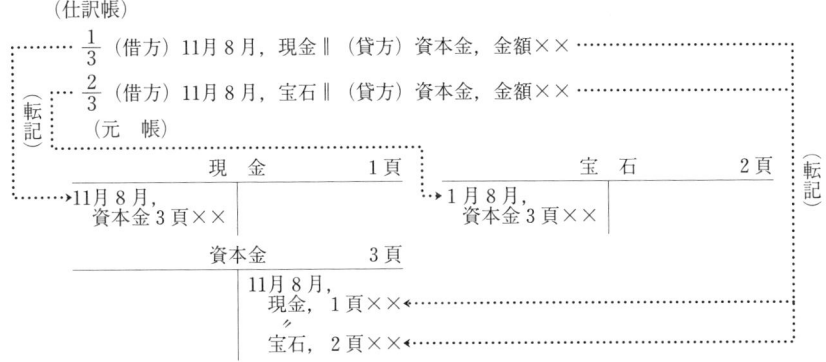

（片岡泰彦『イタリア簿記史論』森山書店，1988，p.150。）

図1-1を書き換えると図1-2のごとくなる。

図1-2 機能資本と擬制資本の勘定様式

（繰延税金資産・知的財産等）を多様化し，財務粉飾の手段となっている。パチョーリ以前の資本主義の前期において，誰が擬制資本と認識したのかは明らかでないが，複式簿記の基本となっている。このような認識を確立したのは偉業であるといわねばならない。下野直太郎教授の考案になる取引構成要素等はこの亜流に過ぎない。

会計の基底にあるものは，貨幣すなわち機能資本であって，擬制資本は出資者の持分を意味するに過ぎないが，擬制資本を機能資本化したり，機能資本を擬制資本化させようとする現代会計の理論構造に分析の眼を注がなければならない[23]。

23）「ここにバラがある。ここで踊れ」(Hier ist die Rose, Hier tanze !)

Ⅳ　方法論への展望

　会計史研究に当たって今後に希望し，開拓しなければならない分野について一言しておこう。
　先にみたように，日本資本主義は，欧米の会計制度を導入することによって，目覚ましい発達をとげ欧米資本主義列強に伍することとなった。これにならって，欧米簿記の個別的，総合的把握を，その方法として確立しようとする意見も存在する[24]。かつて田中藤一郎教授は，「簿記史家の使命は，この長い簿記発展過程の動向を正視することであると信ずる」と述べて，記帳技術から経済の発展と直結した管理機構（管理会計—筆者）へと視野を拡大しなければならないと主張している[25]。この説に従えば，バビロニア，エジプト，ギリシャ，ローマ時代からパチョーリのSummaに至るまで，さらにドイツ，オランダ，フランス，イギリス，アメリカ，ロシア，オーストリアに至る系譜についても第一次資料によって簿記史や会計史の系譜を辿らねばならないし，今後の管理会計上の視野も展望しなければならないことになる。大変な作業である。
　忘れてはならぬものにアジア諸国，とくにインド，中国，韓国の簿記史，会計史研究がある。日本の会計史研究も個別研究はあるが体系化されていない。在来の帳合には田部家の出雲帳合，伯耆製鉄業者の帳簿，石本家・本間家・中井家および鴻池家の帳合等が残されている。これら諸帳合の総括的把握や，欧米式簿記との比較研究も未開拓のままである。
　田中章義教授は，「日本の会計学は，それ自体として研究さるべき独自性をもっている」といい「基本的には欧米の会計学に依拠していたが，そのほかに経済学，社会学，哲学といった……歴史科学，社会科学として把えていた」と主張し，「理論と現実との矛盾こそ分析すべき重要なコンフリクトであろう」[26]と結んでいる。この会計理論と実践との矛盾分析は今後において，個別的にも

24）　千葉準一稿「日本会計制度史研究の視点」『會計』第160巻第2号，p. 7.
25）　田中藤一郎稿「複式簿記発展史論—メリス教授の簿記史を中心として—」『南山大学経済学部創立記念論文集』出版年不詳，p. 317.
26）　田中章義，前掲稿，pp. 24, 29.

総合的にも研究対象となろう。

V 結　語

　以上要するに，会計史研究の対象を資本主義会計学におき，その計算構造上の特質を機能資本と擬制資本との対立と統合の関係，その計算構造の勘定様式での把握によって取引の二面的析出を説明した。根底にあるのは資本主義的生産関係である。資本主義会計学は，その土台の価値法則に拘束された観念体系であると規定した。資本主義会計学は，常に国家権力と癒着して制度化される必然性があり，その実践を通して階級的機能を果たして来た。財務会計や管理会計，会計監査や原価計算，いずれもこの枠内からはずれるものではない。ゴンベルグ（L. Gomberg）のいうように，会計的記録と統計によって経済活動の正当な観察が出来るというなら，現代会計理論の再構成や監査制度の改正など不要の筈である。単なる改良主義は，大衆への実害だけがあって，何ら建設的提言とはならない。資本主義会計学の科学性の否定，反社会性の暴露が任務でなければならない。

　　　＊本稿は2002年度日本会計史学会の決定によるスタディグループ「わが国会計史研究の現在・過去・未来に関する研究」の要請に応じ執筆したものである。

第2章　C. Babbage の原価理論

I　序

1　Babbage の生涯

　Charles Babbage は1791年12月26日，イギリス西南部のサリー州ウォールワース（Walworth, Surrly）で生まれた[1]。父 Benjamin Babbage は金属細工師から金融業に転じ財を蓄えていた。Charles は1814年ケンブリッジ大学を卒業し，1817年 M. A. の学位を取得した。彼は数学に強い関心を持ち，多数の論文を手掛け，機械計算機の構想を学会誌に発表した[2]。「その試作第一号機を1820年から22年6月にかけて完成した」[3]

　1824年，彼は「王立天文学会」（Royal Astronomical Society）から表彰され，金メダルを授与された。政府は大型の階差機関（Difference Engine）を製造することを要請し，15,000ポンドを附与した。その後，政府の援助は打ち切られたが，彼は80歳に達するまでその構想を進め，1871年10月18日死去した。Hyman が電子計算機のパイオニア（Pioneer of the Computer）と称えられるゆえんである。

---

1) Anthony Hyman, *Charles Babbage : Pioneer of the Computer*, 1984, p. 5. 生誕は1792年ロンドンで生まれたともいう。詳細は吉田文和稿「チャールズ・バベジ『機械と製造業の経済論』の分析―マルクス「機械論」形成史研究(2)―」北海道大学『経済学研究』第32巻第2号，昭和57年，p. 299 参照。
2) 著作年譜は Hyman, *op. cit.*, pp. 256-260 参照。
3) 今井　忍稿「チャールズ・バッベッジとその生涯」『産業経理』第33巻第12号，昭和48年，p. 17.

2 Babbage と鉄道

George Stephenson は，1825年に開通した Stockton and Darlington Railway に炭坑の鉄道に使用されていた4フィート8インチ半の軌間ゲージ（以下，狭軌）を採用し，これを Liverpool and Manchester Railway にも採用していた。[4] これに挑戦したのが Great Western Railway の技師長 Isambard Kingdom Brunel であった。石炭ワゴンゲージ（coal-wagon gauge）では，スピードを欠き，安全性も劣るので，7フィート以上（以下，広軌）でなければ Great Western Railway の幹線に使用できないと反駁した。これに肩入れしたのが Babbage であった。

Babbage はかねてから蒸気機関車に関心を持っていた。Liverpool and Manchester Railway の開通式にも参列して，Stephenson の"ロケット号"が保守党の代議士 William Huskinsson をひき殺したのを知っていた。彼の長男 Herschel は Great Western Railway の技師として Brunel のもとで働いていた。Babbage と Brunel は古い親友であったので，彼が Brunel を支援することとなった。1838年の株主総会において Babbage は広軌を擁護する意見を述べたが，結論は保留された。

Stephenson を支援したのは Dionysius Lardner（後に *Railway Economy*, 1850 出版）である。彼は Stephenson を "Father of the Locomotive" と讃えていたし，当時の科学普及家（Scientific popularizer）として有名であった。[5] 彼は Great Western Railway の「ゲージ論争」（Battle of the gauges）に参加し，懐疑的科学知識を振り回して，Brunel 設計のトンネルは勾配がきつく危険だと反対した。会社の取締役たちにも意見の対立があったので，1838年8月 Manchester and Leeds Railway の27歳の技師 John Hawkhaw および第2技師 Nicholas Wood に Brunel の方法について意見を求めた。Hawkhaw's report では，狭軌の方が30,000ポンド以上の節約になると報告した。Wood's report は，各鉄道がばらばらのゲージを採用するのは自由であるとしても，将来ロンドンを起点とする北方への連絡通路となることを考えねばならないと報

---

4) L. T. C. Rolt, *George and Robert Stephenson*, 1978. p. 281.
5) *Ibid.*, p. 37. Hyman, *op. cit.*, pp. 99, 141-159.

告した。しかし，当時のイギリスの鉄道では，狭軌が圧倒的に多く採用されていたので，狭軌が標準ゲージとなって，19世紀末には広軌鉄道はなくなってしまった。

3 *On the Economy of Machinery and Manufactures.*

Babbage は階差機関の作成を試みるまでに，政治経済学（Political Economy）に関心を持ち「ロンドン統計学会」（London Statistical Society）の設立に参加し，当時の指導的経済学者である Thomas Robert Malthus, Thomas Tooke, Nassau Senior および SamuelJones Loyd（後の Overstone 卿）等と密接な交際があった。[7] 彼は産業の詳細な実情を知るために地方の諸工場（factories）を訪ね[8]，あらゆる機械，産業諸工程を調査し，さらに1828年，18ヵ月間ヨーロッパ諸国の産業を視察している。とくにフランスの経済文献を渉猟し，当時強い影響力を持っていた「政治経済学クラブ」（Political Economy Club）の会員と交流し，自然哲学者とも親交があり，フランスの影響を強く受けていた。[9] 彼が簿記や工業会計を学んだという根拠は見出し得ないが，当時のフランスの工業会計の水準は高く，Anselme Payen や，M. Godard の[10] 著述が評価されていた。その成果が，1832年6月に発刊された *On the Economy of Machinery and Manufactures*（以下，該書もしくは Economy と略称）である。該書は，工場内の機械的生産の発達を分析し，かつ産業の社会的関連を論述したものである。しかし，単なる分析でなく経営の未来行動の一般的指針をも示唆している。Adam Smith や David Ricardo が，イギリスの富は農業生産物に依存するとしていたのに対して，該書は，産業革命による急速な機械類の発達に伴う経営課題の知的対策であったので，初版3,000部は売切れとな

6）　E. T. MacDermont, *History of the Great Western Railway*, 1927, Vol. I., part I, pp. 64-87.
7）　Hyman. *op. cit.*, p. 119.
8）　mill, factory, manufacture の概念については，Paul Mantoux, *La Revolution industrielle au XVIIIe, siècle*, 1956. 徳増栄太郎・井上幸治・遠藤輝明訳『産業革命』東洋経済新報社，昭和39年，pp. 19-24 参照。
9）　Hyman, *op. cit.*, p. 103.
10）　Anselme Payen, *Essai sur la tenue des Livres d'un Manufacturies*, 1817. M. Godard, *Traitié Général et Sommaire de la Comptabilité Commercialé*, 1827.

り，2ヵ月後の11月2版，続いて1833年2月3版，1835年2月4版を上梓した。該書は1833年，フランスにおいて Edouard Biot によって翻訳され，ドイツでは Friedenburg 博士が翻訳出版している。[12]

Hyman は，Babbage の産業に対する科学と技術の一般的適用，理論と実践の結合を無視しては，19世紀のイギリスの繁栄を語り得ないと述べている。[13]はたしてそれで良いのであろうか。

本稿は，Babbage の産業科学や経営技法を対象とするものでもなければ，分業の経済理論を叙述するものでもない。私の手許には，*Economy* の初版・2版・3版および4版（Reprints of Economic Classics）があるので，これらを資料として，彼の原価理論を研究対象に選び，当時のイギリスの社会および経済環境に照らして既存の学説に批判と分析を試みることにした。

II Babbage を論じた文献

1 会 計 学

いまだに会計学という用語が定着せず，計算學（下野直太郎）とか計理學（鹿野清次郎・木村禎橘）と呼ばれていた明治の末期に，我が国で初めて会計学の名を冠したのは明治43年に出版された吉田良三教授『會計學』である。それは Henry Rand Hatfield, *Modern Accounting : Its principles and some of its problems*, 1909 を祖述したものであると，黒澤 清教授は述べている。[14]

Hatfield の著書を最初に訳述したのは，海老原竹之助訳『最近會計學』博文館，大正元年である。海老原氏は横濱正金銀行に勤めながら，余暇に「一字一句を追ふて忠實なる翻譯をなしたるにはあらず」といい「譯者の私見により原著の意義を誤らずと思ふ程度に於て或は省略し，或は敷衍し，或は時に多少の蛇足を加へたる所もなきにあらず」と述べている。氏が訳出した本書第16章原價計算（Cost Accounting）には次の文言がある。[15]

---

11) 2nd ed., preface. p. vi.
12) Hyman, *op., cit*., p. 122.
13) *Ibid*., p. 122.
14) 黒澤『日本会計制度発展史』財形詳報社，平成2年，p. 144.

第 2 章　C. Babbage の原價理論　23

　「世人が此原價計算に注意を傾くるに至りたるは頗る近時に属すれども最初に其必要を唱へたるはチヤアルス，バアベージ氏にして一千八百三十二年に出版したる製造經濟（"Economy of Manufacture"）に於て之を論ぜり，然れども多少之れが實行見るに至りしは其後半世紀を経過したる後にして爾來世人の注意は大に之れが研究に注がれ殊に技術家によりて大に其進歩を促さるるに至りたり」

　原文は次の通りである[16]。

　「The attention given to such investigations is of recent origin. The first reference to its desirability is said to be that of Charles Babbage in his "Economy of Manufacture," published in 1832, but half a century elapsed before factory managers began on any extended scale to introduce systems of Cost Accounts. Since then increased attention has been given to the subject, particularly under the influence of engineers, to whom, rather than to professional accountants, the credit of inaugurating and developing cost accounting is perhaps due.」

　我が国の原価計算論者が Babbage の *Economy* に関心を持ち始めたのは Hatfield の著書によるところ大である。たとえば，長谷川安兵衛（早稲田大学）著『原價會計學』の註記には次の文言がある[17]。

　（註）「1832年英國に於けるバベージ（Charles Babbage）氏の著書 On the Economy of Machinery and Manufactures が原價に注意を向けた先驅的の著述とせられている。(H. R. Hatfield, Accounting, 1927, p. 383 ; E. Garcke & J. M. Fells, Factory Accounts, 1889, p. 63.)」

　神馬新七郎（川崎造船所）著『工場経營と會計，原價計算編』の註記には次の文言がある[18]。「一般世人が，製品の原価計算に注意するに至ったのは，極めて近代のことに属するのであるが，カリホルニア大學教授ハットフィルド氏（Henry Rand Hatfield）の言に依ると，最初に其必要を高唱した人は，チヤア

15）　海老原竹之助訳『最近會計學』博文館，大正元年，p. 292.
16）　Henry Rand Hatfield, *Modern Accounting*, 1909, p. 293.
17）　長谷川安兵衛『原價會計學』泰文社，昭和 4 年，p. 4.
18）　神馬新七郎『工場経營と會計，原價計算編』共立社，昭和 6 年，p. 9.

ルス・バアベージ氏（Charles Babbage）であって，「氏は既に一八三二年，其著工場經濟學（Economy of Manufacture）に於て述べて居る」と云ふのである。(H. R. Hatfield, Modern Accounting, 1922, p. 293. Accounting, 1927, pp. 382-384.)

　Babbage の *Economy* を初めて具体的に解説したのは尾崎義夫稿「原價計算の必要を論じた最初の文献に就て── C. Babbage の紹介」である。[19]

　氏が Babbage を原価計算の必要を論じた最初のものとして挙げたのは，Hatfield の著書の脚註において A. Hamilton Church, The Proper Distribution of Establishment Charges, p. 9 からの孫引であると断っているからであるという。また Church の著述には「恐らく（probably）──傍點譯者──著述家により書かれた原價又は経営費に就いての最初の論究であろう」[20]と述べた箇所を引用し，Hatfield が，Babbage の *Economy* を「最初の文献」(the first reference) と断定したのは，「恐らくはと條件を附けて居るのに，學者の態度として不充分な事」と批判している。

　Church は，正確な経費を知る必要性のほかに「監督費・照明費・事務費・工程から工程への材料の運搬費・修繕費等」[21]の非直接的支出（indirect Expenditure）の削減に言及したことを評価している。Babbage の著述には叙上の諸経費や機械の使用による減価（wear and tear of the machinery）を論述した文言があるが，[22]これらを製造間接費として把握しようとする姿勢は見出し難い。

　我が国において，Babbage の所論を解説し，その業績を高く評価したのは久保田音二郎教授である。氏は戦時中，Babbage の所説は「計算理論からは……必ずしも完全な構想ではないが，少なくとも，原料費論，工賃論，機械設

19)　『會計』第29巻第6号，昭和6年，pp. 139-148.
20)　原文は "This is probably the earliest reference made by any public writer either to costs or establishment charges." A. Hamilton Church, "The Proper Distribution of Establishment Charges," *Engineering Magazine*, 1901, p. 508, Atsuo Tsuji and Heizaburo Sonoda, *Management and Management Accounting*, 1880-1920, volume I, 1975, p. 487. 後に同書は，John R. Dunlop によって，Industrial Management Library として1908年題目を *The Proper Distribution of Expense Burden*, 1905 と変えて Engineering Magazine Co. から出版されている。
21)　Church, *op. cit.*, p. 508.
22)　Babbage, 1st ed., §204-208, pp. 172-176, 204-208.

第2章 C. Babbage の原価理論

備費論, 最後には, 販賣費及び廣告費論に至るまで今日の原價計算理論の一般的構成と同じ問題を殆んど大差なく取扱ってゐたのは注目に値するであろう[23]」と述べている。また戦後（昭和28年）,『間接費計算論』において, 減価償却費や固定費との関連において Babbage の間接費を再論している[24]。これより先, 長谷川安兵衛教授は, 商品原価を知ることは,「能率増進の機運」として Babbage を紹介し,「バベッヂの文献が原價または間接費に就ての最初の公表文献であるとせられている[25]」と述べている。木村和三郎教授は, Babbage の著述に触れて,「原價計算の重要性を高調するが, それ自體は, 原價計算に關する著述ではない[26]」と軽視されている。宮上一男教授は, イギリス工業会計史を展開するに当たって, Babbage が原価計算の必要を論じた文言を引用するにとどまっている[27]。黒澤　清教授は Babbage の著書は正統學派の生産費説 (Production cost theory) を完成せしめた一つの要素として Babbage の生産費の実証的研究を評価している[28]。

　Emile Garcke および J. M. Fells は, 製品原価だけでなく特定部品の原価もしくはマニュファクチュアの特定工程原価を知ることの重要性, およびその効果を論じた Babbage の業績を評価し, ピン製造原価に関する部分を引用している[29]。

　Ronald Edwards は, かなり早くから正確な Costing の価値を認めたのは, ケンブリッジのドン Charles Babbage だと云い,「各工程の正確な費用を知る

---

23) 久保田音二郎稿「初期の工業原價計算論――バッベッヂィの所説とその現代的意義」増地庸治郎編『生産力擴充と經營合理化』日本評論社, 昭和18年, p. 325. 久保田音二郎『工業原價計算論』巖松堂書店, 昭和19年, p. 162.
24) 久保田音二郎『間接費計算論』森山書店, 昭和28年, pp. 32-53.
25) 長谷川安兵衛『原價会計概論』東京泰文社, 昭和11年, 引用は昭和15年版 pp. 15-16.
26) 木村和三郎稿「銀行原價計算の発展」『會計』第38巻第1号, 昭和11年, pp. 14-15. 同『原價計算論研究』日本評論社, 昭和18年, p. 415.
27) 宮上一男稿「固定費・間接費論―原價回収計算の発展―」村本福松監修『経営研究』第5巻第4号, 昭和11年, pp. 45-46. 同「英國工業會計論史研究」『經濟學雑誌』第3巻第4号。転載「イギリス工業會計発達史」藤田敬三編『世界産業発達史研究』伊藤書店, 昭和18年, p. 204. 同『工業会計制度の研究』山川出版社, 昭和27年, pp. 23-24.
28) 黒澤　清『會計學』千倉書房, 昭和18年, p. 134.
29) Emile Garcke and J. M. Fells, *Factory Accctunts, Their Principles and Practice*, 1887, pp. 62-63.

こと，その工程に負担させる機械の使用による減価を知ることの重要性」を指摘した文言を引用している[30]。

Edwards の論文は，我が国だけでなく欧米の史的研究者に大きな刺戟を与えた。たとえば S. Paul Garner は Babbage の著述について，「おそらく，工場の科学的管理にかんして，英語で出版された最初の論文」と云い，「原価計算方法それ自体には関心をもたなかったが，ピンの製造に関する原価表に近代的なものがある[31]」と述べている。

19世紀の80年代に至るまで，イギリスの原価会計に特筆すべき著述が見出せなかった理由について，Edwards は次の通り指摘している。

「イギリスの業界では，競争が激しかったので，できるだけ開示する情報を少なくする慣習があった」というのである。我が国の多くの論者が指摘するように，Thomas Battersby, Emile Garcke, J. M. Fells 等によって，資本主義の独占形成期に原価計算が確立されたと見るのは余りにも形式的である。なぜなら John Mann, Jr. は1903年，「最近まで Costing の方法を書いたテキストは少なく，個々のマネジャーたちは，自らの必要に適合する工夫した原価方法を持っていたが，一般に秘密となっていた (kept these secret)[32]」と述べている。すなわちイギリスにおいては詳細な原価計算の方法を開発していても，ライバルファームを警戒してその理論を記述しなかっただけである[33]。このことは Luca Pacioli 著 *Summa de Arithmetica, Geometria, Proportioni et Proportionalita*, 1494 の出版をもって，複式簿記が確立されたと云うに等しい。すなわち，史家の陥る著述依存主義の欠陥である。

Michael Chatfield は，意思決定原価を論じるに当たって Babbage が機械原価（machine costs）への関連を表明したと述べるにとどまっている[34]。

---

30) Ronald Edwards, "Some Notes on the Early Literature and Development of Cost Accounting in Great Britain," *The Accountant*, 28 August 1937, p. 283.
31) S. Paul Garner, *Evolution of Cost Accounting to 1925*, 1954, pp. 65-66, 品田誠平・米田清貴・園田平三郎・敷田礼二訳『原価計算の発展』一粒社，昭和33年，pp. 95-96.
32) John Mann, Jr., "Cost Records or Factory Accounting," George Lisle (ed.), *Encyclopedia of Accounting*, Volume II, 1903, p. 260.
33) *Ibid.*, p. 260.
34) Michael Chatfield, *A History of Accounting Thought*, revised ed., 1977, p. 177, 津田正晃・加藤順介訳『チャットフィールド会計思想史』文眞堂，昭和53年，p. 228.

戦後 Babbage の研究に手を着けられたのは原価計算論専攻の今井　忍教授である。氏は「Babbage が工場や作業場の運営をより合理的に行いうる経営原則を発見し，これを一冊にまとめた」[35]「全篇を通じて生産技術の合理化と，人間関係の改善および経営経済の原理の追求である」[36]と述べ，「現代の経営科学の先駆者」[37]として位置づけている。

佐藤正雄教授は，原価管理の視角から Babbage を研究し，「工場の経済性という立場から原価低減をめざしていた」[38]と云い，別の表現では「バベッジの原価管理の理論は，生産技術の合理性追求によって原価引下げを期待するものである」[39]としている。「基本的な考えとしては……現代の原価管理と同じであることが推測できる」[40]と結論している。

2　経　済　学

Babbage に影響を受けた経済学者を挙げよう。

John Stuart Mill は，その著 *Principles of Political Economy*, 1848 において，時計製造工程における労働者の協業[41]，道具使用の際の調整作業[42]，労働者を能力に従って分類する必要[43]，機械化による大量生産体制の利益[44]，を論じるに当たって Babbage の所論を幅広く引用している。

Karl Marx は，その著書 *Das Kapital* I, 1867 において相対的剰余価値の生産を論じるに当たって，マニュファクチュア的分業の効果，すなわち(1)機械化・工程化による労働者数の削減，(2)機械化のもとで同一作業の繰返しによる

---

35) 今井　忍稿「チャールズ・バベッジの思想とその業績」『成蹊大学経済学部論集』第 4 巻第 2 号，昭和49年，p. 40.
36) 前掲書，p. 48.
37) 前掲書，p. 40.
38) 佐藤正雄稿「原価管理研究序論―チャールズ・バベッジの研究―」『成蹊大学経済学部論集』第 8 巻第 2 号，昭和53年，p. 57. 同『原価管理の理論』同文舘出版，平成 5 年，p. 273.
39) 同「チャールズ・バベッジの原価管理上の評価」『千葉商大論叢』第21巻第 2 号，昭和58年，p. 92.
40) 同「原価管理研究序論」前掲書，pp. 58, 66.
41) 末永茂喜訳『ミル経済学原理（一）』岩波書店，昭和34年，p. 238.
42) 同邦訳，p. 243.
43) 同邦訳，p. 247.
44) 同邦訳，pp. 252-254.

熟練の上昇，(3)機械の磨滅と更新およびその他（後述）について Babbage を引用している[45]。

Alfred Marshall は，第一次大戦において，アメリカの製鋼工場が他国とくにイギリスのそれよりも生産性を挙げるに至った理由に関連して Babbage の分業についての有名な所見すなわち，大工場では各工程に必要な熟練と能力を持った人数を雇い入れることができるという文言を引用し，それを戦時中の軍需工場に適用して，労働者の愛国心（patriotic sentiment）を惹き起こすこととなったと述べている[46]。Marshall は，Harrington Emerson, Henry L. Gantt 等によって祖述され Frederick W. Taylor によって確立された原価計算の科学的方法に触れた第11章「企業組織，科学的方法の適用」(Business Organization : Applications of Scientific Method) において，「科学的管理の主要思考のひとつは Babbage によって考え出されたものである」[47]という。Babbage と Taylor には，数学的手法，経営実態の精密な観察，的確な指摘および行動の複合性について類似性が認められると述べている[48]。

3 経営学

Marshall に原価計算の必要性，および科学的管理の先駆者としての Bab-

---

45) *Karl Marx-Friedrich Engels Werke*, Band23, 1962, S. 367. マルクス＝エンゲルス全集（以下，『全集』と略記）刊行委員会訳，『資本論』第1巻第1分冊（第23巻第1分冊）大月書店，p. 455. Babbage, 1st ed., pp. 172-173. 『全集』p. 458. ただし注記では第19章となっているが，Babbage の 1st ed. 第19章には，それに該当する箇所は見出し得ない。恐らく 1st ed. 第18章 §164, p. 134 からであろう。なお長谷部文雄訳，日本評論社版では第18章，高畠素之訳，改造社版では第18章，岡崎次郎訳，大月書店版（国民文庫）では第19章となっている。Marx による Babbage の引用は，我が国の資本論研究者に多くの影響を与えた。以下はその文献である。

橘 博『工場経営と作業分析』第1章「C. バベイジの工場生産論」ミネルヴァ書房，昭和45年。仲村政文稿「C. バベッジの生産力論について」鹿児島大学『経済学論集』第7号，昭和46年。茂木一之稿「分業論と〈管理論〉との初期的系譜—スミス，バベッヂ，ユーアを中心として—」『高崎経済大学論集』第18巻第4号，昭和51年。植村邦彦稿「バベジにおける分業と機械—〈資本の生産力〉認識の形成(1)—」『一橋研究』第4巻第2号，昭和54年。吉田文和，前掲書。

46) Alfred Marshall, *Industry and Trade*, 1919, p. 224. Alfred Marshall and Mary Paley Marshall, *The Economics of Industry*, 1879. 橋本昭一訳『産業経済学』関西大学出版部，昭和60年，p. 63. ただし後者では分業の利益と機械の経済については述べているが，戦時の製鋼工場への適用についての効果は述べていない。

47) Marshall, *op. cit.*, p. 376.
48) *Ibid.*, p. 378.

bage を認知させたのは C. Bertrand Thompson である。Thompson によると，Babbage はマニュファクチュアの実態から一般的管理論を帰納し，近代的進歩性はないにしても，当時におけるマニュファクチュアの最高の情報を把握していた。近代の科学的経営者グループには直接的貢献をしたとは云えないが，「筋肉労働から頭脳労働への特殊化，Taylor の機能的職長制度（functional foremanship），および執行からの企画の分離（separation of planning from execution）を示唆したことは興味がある」[49]と述べている。なお彼は，科学的経営の先駆者として American Society of Mechanical Engineers のメンバー Henry R. Towne, F. A. Halsey, James Rowan 等を挙げている。彼らには，Babbage からの引用は見受けられない。[50]

20世紀の初め，アメリカで Babbage に注目したのは，Hugo Diemer である。彼は1904年，「早くから多面的に製造上の諸問題について驚くべき書物」[51]を書いたと述べて Babbage を称讃した。ペンシルヴェニア州立大学の経営管理担当教授となると，自らのテキストに Babbage の思考を叙述した。

Diemer に依拠して Babbage の経営管理論を展開したのは，Raymond Villers である。彼によると「Babbage はすでに1832年に，企業経営に科学的方法が適用できることを認識していた……かれの考え方は特徴があり，進歩的であったから，……科学的管理の推進者はほとんど，かれの著書を読んでいる」[52]と述べている。Villers は，Babbage が製造工場を支配する一般原則があると述べたことに注目し，次の5項目に要約している。[53]

(1) 組織計画（organization planning）

今日の機能的組織（functional organization）もしくは，line and staff に近似した組織の提案とその一般化。

---

49) C. Bertrand Thompson, *The Theory and Practice of Scientific Management*, 1917, p. 176. Marshall, *op. cit.*, p. 376 note.
50) *Ibid.*, pp. 177-178.
51) "A Bibliography of Works Management," *Engineering Magazine*, Vol. XXVII, July 1904. Hugo Diemer, *Factory Organization and Administration*, 1910, pp. 287-289.
52) Raymond Villers, *Dynamic Management in Industry*, Maruzen Asian Edition, 1961, pp. 15-16. 矢野宏訳『ダイナミック・マネジメント』日本生産性本部，昭和38年，p. 11.
53) *Ibid.*, pp. 17-25. 邦訳, pp. 13-19.

(2) 生産（production）

作業方法の慎重な分析，時間研究。

(3) 人間関係（human relations）

雇傭者対従業者との対立を理解し，利益分配計画を提唱。

(4) 原価（costs）

原価低減方法の必要性を強調し，分業および工程費用の正確な把握と分析。

(5) 販売（sales）

広告を重視，単価引下げによる潜在市場の拡大。

Sidney Pollard は，部門別原価計算（sectional costing）の重要性を論じるに当たって，Babbage は同時代の人びとに先立って，会計による企業管理を深く認識していたと讃え，次の点を強調していたと述べている。「それぞれの工具，もしくは製造されたそれぞれの製品に対して，それに対応した価格（*proportionate value*）を正しく付けないことから生じる弊害は……甚だしいものがある」[54]「各工程の正確な費用を知ること，その工程に負担させる機械の使用による減価を知ることが同様に重要である」[55]

Claude S. George, Jr. は Babbage のマネジメントの研究について，「科学的アプローチの手ほどきと発展に貢献した」[56]と述べ，次の諸項目を指摘している。

(1) 厳密な観察の結果から得たデータは，企業のマネジメントに利用しなければならない。
(2) 仕事は精神的仕事と肉体的仕事とに分けねばならない。
(3) 各工程にごく精密な費用を決定しなければならない。
(4) 労働者に能率とビジネスへの成功に比例して賞与が支払われねばならない。
(5) 分業の重要性を強調し，それにより利益が得られること。
(6) 時間研究の技術を使うこと，等々。

---

54) 4th ed., p. 289.
55) Sidney Pollard, *The Genesis of Modern Management*, 1965, p. 222. 山下幸夫・桂　芳男・水原正亨訳『現代企業管理の起源―イギリスにおける産業革命の研究―』千倉書房，昭和57年，p. 330.
56) Claude S. George, Jr., *The History of Management Thought*, 1968, p. 72. 菅谷重平訳『経営思想史』同文舘出版，昭和46年，p. 120.

Babbage に言及した経営学者は極めて多い。とくに科学的管理法の発展と絡ませた研究についての文献をあげておく。
L. F. Urwick, *The Golden Book of Management*, 1956. p. 2. John H. Hoagland, "Management before Frederick Taylor," Paul M. Dauten (ed.) *Current Issues and Emerging Concepts in Management*, 1962, pp. 19-30. Nicolas P. Gilman, *Profit Sharing between Employer and Employee : A Study in the Evolution of the Wages System*, 1892, p. 243. Richard K. Fleischman and Lee D. Parker, *What is Past is Prologue : Cost Accounting in the British Industrial Revolution, 1760-1850*, 1997, p. 9. E. J. Wright, *The Elements of Modern Industrial Organization*, 1958, p. 18. E. A. Anderson and G. T. Schwening, *The Science of Production Organization*, 1938, p. 37. Royce W. Van Norman, "Charles Babbage (1792-1871)," *The Journal of Industrial Engineering*, January-February, 1965, pp. 3-7. Daniel A. Wren, *The Evolution of Management Thought*, 2nd ed., 1979. 車戸實監訳『現代経営管理思想―その進化の系譜―』(上) マグロウヒルブック, 昭和57年, pp. 89-95. Harwood F. Merrill, *Classics in Management*, 1960. 上野一郎監訳『経営思想変遷史』産業能率短期大学出版部, 昭和43年, pp. 11-26. Frank Bunker Gilbreth, *Primer of Scientific Management*, 1912, p. 11. Clarence Bertrand Thompson (ed.), *Scientific Management*, 1914, pp. 5-6. F. B. Copley, *Frederick W. Taylor, Father of Scientific Management*, 2 Vols., 1923, pp. 99-100, 219-220, 229-230, 255, 278. H. Koontz and C. O'Donnell, *Principles of Management, an analysis of managerial function*, 1959. H. Koontz, C. O'Donnell, and H. Weihrich, *Management*, 1980, p. 38.[57]

我が国において経営学の視点から Babbage を深く研究されたのは鈴木 喬教授である。教授はイギリスでの「工場制工業生産様式における工場組織の経営の合理的側面を指摘したのがチャールズ・バベージである」と云う。[58] Bab-

---

57) Gilbreth, Thompson, Copley, Koontz および O'Donnell については, 鈴木 喬『経営組織の研究』同文舘出版, 平成4年, pp. 48-56.
58) 前掲書, p. 5.

bage の著書の目的は,「生産技術の効率化と経済の価値の創造を実現しうる科学的原理を追求すること[59]」としている。その手段として経営者活動の機能をシステム化すること,分析的手法により一般法則を析出すること等を挙げている。教授は Babbage の科学的方法を詳述し,科学的管理の父と呼ばれる Taylor との関係は「必ずしも明らかでない[60]」と云いながら,Taylor が Babbage の著書を読んでいた証拠を指摘している[61]。

III 原価構成

通説に従うと,製品の原価は材(原)料費・賃金(労務費)および(製造)経費から成る。前2者は prime costs として Babbage の叙述以前にも認識されていた[62]。やがて機械が出現し,機械自体の価値減耗および機械の付属コストが発生するまでは,少額のため製造経費は看過されてきた[63]。Babbage は *Economy* 第17章において「材料について」(On Raw Material),第18章において「労働の分割について」(On the Division of Labour)すなわち分業を論じるに当たって賃金コストを述べている。前者の叙述は6ページにすぎないが,後者は22ページに及んでいる。さらに第19章において頭脳労働(Mental Labour)の分業についても述べている。Babbage が機械の導入に伴う労働および賃金をいかに重視していたかを知ることができる。しかし機械の導入によって必然的に発生する製造経費についての体系的記述は存しない。以下はそれらの概要である。

1 材 料 費

材料すなわち労働対象が製品原価に占める重要性はすでに多くの論者によっ

---

59) 前掲書, p. 10.
60) 鈴木 喬『経営組織の成立過程』同文舘出版,昭和62年,p. 156.
61) 同『経営組織の研究』p. 56.
62) Babbage は cost もしくは expense を定義しないで使用している。ここでは cost を原価,expense を費用もしくは経費と訳出した。
63) Babbage は,機械について次の定義をしている。「すべてのこれらの簡単な用具が結合されて,単一な原動力によって動かされるもの,これが機械である」1st ed., p. 136.『全集』p. 458参照。

表2-1 材料費の重要性

フランスにおいて，材料費1ポンドより製造される製品の価格

絹製品	2.37ポンド
ラシャ生地および毛織物	2.15
麻および針金の撚糸	3.94
レース入りリンネル	5.00
綿製品	2.44

鉛塊（pig lead）の価格1CWT.につき，1ポンド1シリング，および鉛1ポンドスターリングの時の製品の価格

適度の寸法の薄板もしくは導管	1.25ポンド
白鉛	2.60
普通の印刷用字体	4.90
最小の字体	28.30

銅の価格1CWT.につき，5ポンド2シリングの価格の時の製品の価格

銅の薄板	1.26ポンド
家庭内用具	4.77
錫メッキした通用の真鍮製ピン	2.34
銀 $\frac{1}{20}$ で覆った伸長板	3.56
金属製の織物，各平方インチ10,000メッシュ（meshes）を含む	52.23

（1st ed., p. 128. 2nd ed., p. 163.）

て認識されている。Babbageは機械の導入によって手作業によるよりも製品の多量生産が可能となり，そのため使用量は絶対的に増大するが，仕損や破損の管理を通じて，単位原価は相対的に減少すると指摘している[64]。

表2-1について，材料費1ポンドが，各製造工程に機械を導入するごとに，漸次付加価値を増大させることができると述べている。

次表は，1825年1月におけるヨーロッパ諸国の棒鉄（bar iron）の比較価格表である。本表はM. A. M. Héron de Villefosseの調査をBabbageが転用したもので，フランスの棒鉄の生産性はイギリスのほぼ⅓にすぎない。フランスの棒鉄の生産には木炭を用い，イギリスではコークスを用いていたからであると述べている。

64） 1st ed., pp. 125, 133.

M.de Villefosse の示す異なる燃料による製品の価格差

1825年1月1トン当たり

	£	s.	d.
フランス	26	10	0
ベルギー・ドイツ	16	14	0
スウェーデン・ロシア（アムステルダムおよびペテルスブルグ）	13	13	0
イングランド（カーディフ）	10	1	0
1832年製品の価格	5	0	0

(1st ed., p. 130. 2nd ed., p. 165.)

材料費は，各製造工程に機械を導入することによって，相対的に製品単位当たり原価の引下げとなる。たとえば樹木を伐採して厚板を作るのに手作業で鉈か手斧を使っていたのを改良工具，のこぎりを使用すると，無駄が少なく，揃った板ができる[65]。印刷機械を導入すると，手作業による印肉（inking-balls）の½ ないし⅑ のインキの消費ですむ。

機械の使用によって多様化する生産工程に対処するために，労働者は専門的知識と技能が必要となるが，分業によって材料の無駄を排除できると述べている[66]。

2 賃　金（労　務　費）

手工業生産においては，徒弟や職人は親方の指導の下で各工程に応じた工具を使用し，技術を習得しなければならず，労働の固定化は免れ得なかった。賃金も安く材料の浪費も多かった。機械が人間の手（human hand）または人間の頭脳（human head）の役割を果たすことによって，労働対象の移動時間だけでなく労働時間それ自体をも短縮することが可能となる。Babbage は分業によって，学習時間と職場移動による浪費に注目しただけでなく，各工程で働く労働者も工具や機械の弱点を改善するので新たな機械の発明を生むという[67]。

---

65) 1st ed., pp. 44-46.
66) 1st ed., p. 133.
67) Marx によると「機械の発明に一役を演じているのは，マニュファクチュア労働者ではなく，学者や手工業者であり，農民（プリンドリ）などでさえある」『全集』第23巻第1分冊，pp. 457-458.

かつて Adam Smith は分業の結果，企業にもたらされる利益は，次の3つの原因によると述べている。第1に，個々の職人の技巧（dexterity）の増進，第2に，他の仕事に移る場合に失われる時間の節約，第3に，労働を促進し，また短縮し，しかもひとりで多数人の仕事をなし得るようにするところの，多数の機械の発明に由来すると云う。[68]

Adam Smith の分業論は，工場内分業を社会的分業と混同し，また工場内分業の協業的側面を見落としていると一般に批判されている。Babbage は，Adam Smith の分業論を継承したが，満足はしていない。彼によると「製造業者は，それぞれ異なった熟練と能力（skill and force）を必要とする作業を別々の工程で行なわれるように分割することによって，各工程に必要な熟練と能力の双方を持った人数を雇い入れることができる。ところが，すべての作業がひとりの労働者によって行われるとすると，その人は分割された作業のうち極めて困難な作業を遂行できる十分な技能（art）と，最も困難な作業を遂行する体力を持たねばならない」[69]と述べている。分業の科学的理論の根拠がここにあるというのである。ここでは，科学の持つ機能の階級性への配慮はなんらなされていない。

Babbage は Adam Smith に倣い，イギリスのマニュファクチュアにおいて，ピン1本（a single pin）の工程別原価計算を例示している。[70]そこでは7つの異なる作業を持つ労働者の作業時間を測定し，分業がピンの製造原価に与える効果を分析している（表2-2）。時間研究による原価低減を意図したのである。

Babbage は，分業によって零細工場においても 3¾ 倍の能率を挙げることができると論じ[71]，分業を原価切下げの手段として捉えている。Babbage が time study を試みたことは注目しなければならないが，各工程での学習時間は製造業者になんらの利益を与えるものではないが，やがて彼らの獲得した技能

---

68) Adam Smith, *An Inquiry into the Nature and Causes of Wealth of Nations*, edited by Edwin Cannan, 1950, p. 10. アダム・スミス著，大内兵衛・松川七郎訳『諸国民の富』(1)岩波文庫，昭和34年，p. 105.
69) 1st ed., pp. 137-138.
70) 「これは現今いう工程別原価計算の萌芽的な形態ではなかった」久保田音二郎，前掲書，p. 44。
71) 2nd ed., p. 183.

表2-2 イギリス，マニュファクチュア

"Elevens"のピン，1封度当たり5,546本，"1ダース"=20オンス6,932本入，1箱6オンス紙包装入。

ピン単位当たり製造時間および製造原価

作業行程	労務者	ピン1封度の製造時間	ピン1封度の製造原価	労務者の日賃金 s. d.	ピン1本の各部分の価格は1ペンスの百万分の1である。
		時間	ペンス		
1．ワイヤー引き伸し作業（§170.）	男子	.3636	1.2500	3　3	225
2．ワイヤー整直作業（§171.）	婦人	.3000	.2840	1　0	51
	少女	.3000	.1420	0　6	26
3．先端尖らし作業（§172.）	男子	.3000	1.7750	5　3	319
4．頭部の曲げおよび切断作業（§173.）	少年	.0400	.0147	0　$4\frac{1}{2}$	3
	男子	.0400	.2103	5　$4\frac{1}{2}$	38
5．頭付け作業（§174.）	婦人	4.0000	5.0000	1　3	901
6．錫メッキもしくは白色顔料作業（§175.）	男子	.1071	.6666	6　0	121
	婦人	.1071	.3333	3　0	60
7．紙包装作業（§176.）	婦人	2.1314	3.1973	1　6	376
		7.6892	12.8732		2320

雇傭者数：男子4人，婦人4人，子供2人，合計10人。
§において各作業の内容を説明している。

(1st ed., p. 146. 2nd ed., p. 181.)

が工場主の利益の源泉となるといい，子連れの両親が労働戦列に加わることによって，いずれ賃金が下がるだろうと認めている[72]。資本家的思考は，ここでもみられる。

労働時間の短縮が製品製造原価に及ぼす影響について次のごとく述べている。
「ピンの頭付け作業の時間を¼まで引下げるある種の方法（any method）[73]を考えることができたら[74]，ピンの頭付けの費用は約13％減少するであろう。ところが頭部切断の材料となるワイヤーのコイル巻きの時間が半分になっても，全製品の製造原価（cost of manufacture）は余り変わらない。それゆえ，後の工程よりも前の工程の時間を短縮するように注意した方がより有効であることは明らかである」[75]

---

72) 1st ed., pp. 133, 141.
73) 4th ed., p. 204 では，a method.
74) 1st ed., p. 165 では，should be, 4th ed., p. 202 では，could be.
75) 1st ed., p. 165. Garcke and Fells の引用は，この箇所である。

分業による労働の細分化，機械による単純作業が家族労働を可能にし，工程内賃金に及ぼす影響について次の通り述べている。

「大人の男子のひとり，彼の妻および子供ひとりが，これらの工程に参加するのは通常で，彼らは1封度につき5ファージングの賃率を支払われる。彼らは1日34封度ないし36½封度を仕上げ，6シリング6ペンスないし7シリングの日賃金を稼ぐ。その内訳は，男子5シリング，婦人1シリング，子供6ペンスである[76]」

Babbageは，工程内労働の単純化によって婦人や子供たちを雇傭し，婦人は男子の約6分の1，子供は婦人の約2分の1の賃金を支払えば良いと主張する。すなわち，家族奴隷と搾取の是認である。彼は労働の質について「異なる作業ごとに，優れた能力を持った優れた労働者を必要とする」と述べている。さらにまた「作業に熟練すると，賃金は2倍にも3倍にも増える」という。たとえば頭付け作業の日賃金は，1シリング3ペンスであるが，熟練すると5倍近くにもなるという。しかしこれには条件を付けている。「もし適当に雇われたときには」というのである。Babbageは「賃率それ自体は変動しているし，かつ支払われる価格と遂行された数量は限度があるから，この表によって各作業の原価を極めて正確に表すことは期待してはならない[77]」と補足している。

分業による利益は資本に帰属し，労働者は労働力の再生産に必要な価値の配分に預かるだけであるから，労働者の取り分が多くなれば賃率は引下げられる。熟達すると賃金は増えるというが，職人的熟練（skill）はやがて機械に代替されるということに気づいていないのであろうか。

Adam Smithのピン工場では，18の個別作業を，ひとりの看視人によって全体を見渡すことができる仕事場での分業の効果による相対的剰余価値の生産を論じたものである。Babbageが7つの異なる作業を行なう労働者10人の零細なピン工場を選んだのは，工程別原価に及ぼす影響を，各個別労働者の作業時間の側面から観察したところに特徴がある。ところで機械の導入によって必然的に発生する諸費用をBabbageはどう考察したのであろうか。

---

76) 1st ed., p. 141. 4th ed., p. 179.
77) 1st ed., p. 145.

3 （製造）経費 (expenses)

(1) 経　費

イギリスでは産業革命によって広汎な機械の導入があり，"overmanufacturing"（Babbage）が生じ，企業間競争が行なわれ，1825年，人類が初めて経験した過剰生産恐慌により商品の市場価格は暴落し（表2-3参照），商工業者で倒産するものが多数にのぼった。[78]

表2-3　坑道における主要資材の価格推移* 　　　（1800-1832年）

品　名	単　位	1800. s.	1800. d.	1810. s.	1810. d.	1820. s.	1820. d.	1830. s.	1830. d.	1832. s.	1832. d.
石炭	ウェイト	81	7	85	5	53	4	51	0	40	0
木材（角材）	フット	2	0	4	0	1	5	1	0	0	10
（オーク材）	フット	3	$3\frac{1}{2}$	3	0	3	6	3	3	…	
ロープ	ハンドレッドウェイト	66	0	84	0	48	6	40	0	40	0
鉄（普通棒鉄）	ハンドレッドウェイト	20	6	14	6	11	0	7	0	6	6
普通鋳鉄	ハンドレッドウェイト	16	0	…		15	0	8	0	6	6
深靴	ハンドレッドウェイト	16 & 17		17 & 18		12 & 15		6	6	6	10
火薬	100封度	114	2	117	6	68	0	52	6	49	0
ろうそく		9	3	10	0	8	9	5	11	4	10
獣脂	ハンドレッドウェイト	72	0	84	0	65	8	52	6	43	0
皮革	封度	2	4	2	3	2	4	2	2	2	1
ブリスター鋼	ハンドレッドウェイト	…		…		50	0	44	0	38	0
釘, 2s.	ハンドレッドウェイト	32	0	28	6	22	0	17	0	16	6

(3rd ed., p. 155. 4th ed., p. 155.)

* 本表は John Taylor 氏に依拠したものである。初版および2版には，この価格表は存しない。なお2版では，1オンス当たり金の価格，通貨の年度比率，3パーセントコンソルスの価格，1クォーター当たり小麦，バーミンガムにおける銑鉄，同棒鉄，ロンドンにおけるスウェーデンの棒鉄の価格推移を1812, 1818, 1824, 1828および1832年について追補表示し，3版では，Mr. Tooke の厚意に負うと述べている。2nd ed., pp. 154-156. 3rd ed., p. 157. Tooke の著書第2巻セクション5には Fall of the Prices of Goods after the Spring of 1825 の記述があり，1825年恐慌前の商品相場と1826年の恐慌後のそれとが比較されている。Thomas Tooke, *A History of Prices*, 1838, Vol. 1, p. 157.

この恐慌後になって，初めて織物工場に蒸気織機が一般に使用されることとなり，製鉄工場にも1825年以後，重要な各種の改良が行なわれることとなった。かくて製品製造原価を大きく引下げねばならなくなった。Tugan-Baranowsky

---

78) Babbage は20年間にわたり，手工業経営による各種生産物の価格とマニュファクチュアにおける価格との低落率を比較したり，ロンドン，パリ，およびベルリンにおける板ガラスの価格比較を行ない，機械利用による原価引下げを強調している。1st ed., pp. 118-122.

は「商品価格の低落によって利潤率が低下したことが,製造業者に生産費引下げの手段を探し求める動機を与えた。それ故,1825年恐慌後の数年間は,技術の急速な進歩を特徴としている」と述べている。Babbage の *Economy* はこのような環境の所産であった。

かくて Babbage は「手の込んだ諸工程の増加 (increased number of curious processes)」[80]に注目し,第20章において「マニュファクチュアにおける各工程の個別原価について」(on the separate cost of each process in a manufacture) を論じ,数工程の経費 (expense of several processes) の正確な原価分析によって,原価引下げと,生産様式の改良を導く方法を意図したのである[81]。

Babbage は経営管理を科学的に遂行するには,マニュファクチュアの実態を知る必要があるため,一般的調査事項および異なる製造所における各工程内個別事項について,それぞれ約20項目の質問を送付し,それを整理している。製造経費に関する質問には,次の項目がある。

　機械の経費 (expense of the machinery)
　使用による年次減価 (annual wear and tear) および耐用期間
　仕損 (waste) の許容範囲[82]
　オシャカ (failures) の数量
　破損もしくは損傷によるロスの責任者,労働者か係長か
　仕損等の処置

Babbage は機械の調整もしくは修繕を必要とするといい,機械の導入に伴い支出する経費(調整費・修繕費・照明費[83],火災事故およびロス[84])について十分認識していた。会計部門の必要性も主張している[85]。それらは機械化による大量生産によって製品単位当たり原価が引下げられることを説明するためであっ

---

79) Michael von Tugan-Baranowsky, *Studien zur Theorie und Geschichte der Handelskriesen in England*, 1901, S. 85. 救仁郷　繁訳『新訳　英国恐慌史論』ぺりかん社,昭和50年, p. 95.
80) 1st ed., preface, p. III.
81) 1st ed., pp. 164-165.
82) Marx は標準的な綿くず (devil's dust) は,価値増殖過程には全体として入ることがあり得ると述べている。『全集』第23巻第1分冊, p. 268.
83) 1st ed., p. 175.
84) *Ibid.*, p. 176.
85) *Ibid.*, p. 176.

[86)]
て，これらの諸項目を計算技法としてどのようにグループ化し，製品に配賦しようとしたかについては述べていない。認識と技術様式の展開とは別の範疇に属するからであろう。

(2) 減価償却費

Babbageの減価償却観を考察するに先立って，その対象となる固定資本に対してどのように認識していたかについて述べねばならない。彼は大工場の経営能率増進について，次のように述べている。

「一台の織機は極めて高く，1,000ポンドから1,200もしくは1,300ポンドかかる。その所有者は，大量に生産することはできるが，古い方法では1日8時間の稼動では達成できない。機械に多額の資本を投じたのであるから，固定資本（fixed capital）と同一の経費がかかるのを認め，流動資本（circulating capital）が少々増えても全24時間機械を運転しなければならない」[87)]

BabbageはAdam Smithに倣って，固定資本と流動資本の価値循環の差異を認め，機械に投下された資本の価値回収を早めるために終日稼動を主張している。彼は固定資本の価値減耗，すなわち減価償却費を固定資本の価値移転としての経済過程とはみないで，[88)]個別資本の視点から価値回収手段として早期に資本を補塡しようとしている。そこでは労働時間の絶対的延長が生ずる。

Babbageは3版第29章において，前版で論及しなかった機械の減価償却とその耐用期間を補充している。

「需要の多い若干の商品を生産する機械は，実際に減価してしまう（wear out）ことは稀である。同じ操作が，より迅速にか，より良く遂行することができる新しく改良された機械を，一般にその減耗の時が来るより前に，それを取り替えている。実際，このように改良された機械で利益を挙げるのに通常5年で償却し（reckoned），より良い機械に取り替えるのに10年と計算されている」[89)]

---

86) 末永茂喜訳，前掲書，pp. 252-254.
87) 1st ed., §206, p. 174.
88)「固定資産は生産過程において使用価値として残留しながら，価値としては流通するのである」木村和三郎『減価償却研究』淡清堂出版，昭和22年，p. 9. 同『新版 減価償却論』森山書店，昭和40年，p. 7. 馬場克三『減価償却論』千倉書房，昭和26年，p. 74. 同「減価償却理論の展開のために」九州大学『経済学研究』第32巻第5・6合併号，昭和42年，p. 40. 参照。

「この数年来，網織綿布の製造では多くの重要な改良が行われたので，良く手入れされた原価1,200ポンドの機械が，数年後には60ポンドで売られた。その取引において，大きなスペキュレーションの間，改良がつぎつぎと非常な速さで行われたので，いまだ完成されていない機械がメーカーの手で廃棄されてしまっている。なぜなら新しい改良がその効用を取り替えてしまうからである」[90]

この文言で，Babbageは機械の使用によって物理的減耗が生ずることを明らかにしているが，陳腐化（obsolescence）をも意識していたかどうかは疑わしい。もともと"廃棄されてしまう"（were abandoned）という意味は，工場設備の一部を生産隊列から除籍することで，機械設備等は予定耐用年数を経過すると除隊させる場合もあるが，諸種の事故（accident），陳腐化，その他の特殊な環境によって生ずる予定耐用年数経過以前の除却が原因である[91]。陳腐化は機械等の物理的減価をいうのではなくて，経済的ないし道徳的減価をいうのであるから，Babbageのいう「廃棄」の原因が以上のうちどれを指すかを明らかにする必要がある。Villersは「Babbageはまた減価償却および陳腐化（depreciation and obsolescence）の問題に十分注意している」[92]（傍点筆者）と慎重な表現を行なっているが，Babbageはここではobsolescenceという用語は使用していない。

5年の償却，10年の取り替えという部分は，Babbageがマンチェスターの綿工場の資料から得たものであるが，Marxはこれを信用し難いとして，1858年3月2日付で，F. Engelsに宛てて「機械設備が何年で更新されるかを教えてもらえないだろうか」と依頼している。1858年3月4日付のEngelsの返信

---

89) 3rd ed., p.285. 4th ed., p.285. Babbageは道具と機械との差異について「道具は一般に機械よりも単純で，一般に手によって使用される。機械はしばしば動物もしくは蒸気によって動かされる」と述べている。1st ed., pp.10-11. なお機械の区分として動力機・伝導機および作業機に言及している。Ibid., pp.15-16.
90) 1st ed., p.233. 2nd ed., p.281. 4th ed., p.286. 『全集』第23巻第1分冊, pp.528-529. 第25巻第2分冊, pp.132, 144.
91) W. A. Paton, *Essentials of Accounting*, 1949, p.545. 廃棄法については, G. T. Web, *Depreciation of Fixed Assets in Accountancy and Economics*, 1954, p.210. Carl T. Devine, "Asset Cost and Expiration," Morton Becker, *Handbook of Modern Accounting Theory*, 1955, p.342.
92) Villers, *op. cit.*, p.24. 邦訳, p.18.

表 2-4 製造工場の減価償却率
(1769-1880年)

日付	企業もしくは工業	建物 %	蒸気機関 %	機械 %
1769	キャロン製鉄所	8	8	8
1780年代	ソーホウ	5(a)	—	—
1797～1800	ソーホウ鋳造所	5	8	—
1822～1831	ソーホウ鋳造所	10	15	—
1806	製銅工場	5	—	—
1814	ハーキュレイネアム製陶所	10	—	—
1825	機関車	—	15	—
1827	マーシャル亜麻布会社	—	—	$7\frac{1}{2}$
1831～1872	ブリキ板工場	5	—	—
1832	グレッグ木綿工場(b)	5	5	10
1832	アッシュワース木綿工場	—	5(c)	5(c)
1833	木綿工業	—	10	—
1833	木綿工場	—	6	—
1833	木綿工場	—	—	$10～33\frac{1}{3}$
1833	製鉄所	$2\frac{1}{2}$	—	—
1833	製鉄所	—	10(d)	—
1830～1880	織物工場	$2\frac{1}{2}$	$2\frac{1}{2}$	$7\frac{1}{2}$

(注) (a)「利子率に同じ」
(b)そのままの価格ではなく, 残存価格について。
(c)以下の数値が期待されている。利子率5%, 減価償却率5%, 純益15%。
(d)15%, しかし, それには資本に対する利子分が含まれている。

(Pollard, *op. cit.*, p. 244. 邦訳, pp. 362-363.)

では「Babbageは非常に間違っている。……機械の摩滅期間は一様でないが, 5年でその機械を更新するような工場は, イギリスではひとつもない。もしその様な場合があれば, 生産物の費用価格は高くなり, 機械の利益は存しないで, 最初の更新で破産するに違いない」かくてEngelsは, 減価償却率を普通は7.5%, 13年4ヵ月で使用によって年々の減価は償却され, 全体の機械が更新されると云う。[93] 参考のため当時のイギリスの製造工場における建物・蒸気機関 (steam engine) および機械 (machinery) の減価償却率を掲記しておく (表2-4)。

Babbageははたして, 間違っているのであろうか。彼は一綿工業者 (a cot-

---

93) 中村萬次『減価償却政策』中央経済社, 昭和35年, pp. 97-99. 吉田文和稿, 前掲書, p. 52.

ton manufacturer）の証言を取り上げただけで機械の耐用年数一般を論じたものではない。改良されていく機械，すなわち特定機械の更新を問題にしただけで，改良された機械を5年で償却できれば（価値移転的減価）利益をもたらすといい，現物による更新（価値使用的減価）を10年としたにすぎない。では[94]Babbageの原価計算では製造経費（減価償却費）をどのように展開したのであろうか。[95]

Ⅳ 原価計算表（工程別原価計算表）

1 必　要

原価計算の必要を論じたBabbageの叙述は，多くの論者によると*Economy*の4版セクション253から同262までによっている。ここでは，初版第20章 on the separate cost of each process in a manufacture セクション194から同203までの概要を紹介しておく（表2-5）。

なお該書2版では，第21章セクション249から同258までに記載されている（表2-6）。3版および4版では，同章セクション253から同262までである。初版・2版・3版はそれぞれの内容に一部変更があるが，3版・4版は同一である。表2-5は，初版における書籍の工程別原価計算表の邦訳である。表2-6は2版によるもので，初版との対比のため原文のまま表示した。そこでは用紙代の表示，総原価および1部当たり原価の表示用式に若干の相違が認められる。

94） 吉田文和稿，前掲書，p.52. 参照。
95） 以下，参考のためMarxが機械の減価償却と製品原価への価値移転を論じた部分を掲記しておく。「しかし，原価については，次のようなことは一般的に重要性のあることである。
　(1)不断の改良が行なわれ，それによって既存の機械や工場設備などは相対的にその使用価値を減殺され，したがってまたその価値をも減殺されるということ。この過程が特に手ひどく作用するのは，新たに導入された機械がまだ一定の成熟度に達していない最初の時期であり，したがってこの時期には機械はその価値を再生産するだけの時間がたたないうちに絶えず時代遅れになってゆくのである。これこそは，このような時期にありがちな労働時間の無際限なえん長や昼夜交替作業が行なわれる理由の一つなのであって，これによって，比較的短期間のうちに機械の摩滅度があまり高く計算されることなしに，機械の価値が再生産されるのである。ところが，もし機械の作用期間の短いこと（改良が予想されるために機械の寿命が短いこと）がこうして埋め合わされないならば，機械はあまりにも多くの価値部分を無形の摩滅分として生産物に移すことになり，したがってそれは手労働とさえも競争できなくなるのである」『全集』第23巻第1分冊，pp. 143-144.

表2-5 書籍の工程別原価計算表*

項目	£	s.	d.
版組代（1シート32ページ当たり）3ポンド1シリング，印刷業者へ支払，10$\frac{1}{2}$シート	32	0	6
これは本書に用いた活字型の通常のサイズに関するものである。			
割増組代，引用および目次のような小型活字の組代に対し印刷業者へ割増料支払，1シート当たり3シリング10ペンス	2	0	3
割増組代，表組作業に対し印刷業者へ割増料支払，1シート当たり5シリング6ペンス	2	17	9
校正に対する平均費用，1シート当たり3ポンド2シリング10ペンス	33	0	0
印刷費，3,000部仕上げ，1シート当たり3ポンド10シリング	36	15	0
3,000部の用紙代，1連（ream）当たり1ポンド11シリング6ペンス，重量28封度：用紙に対する税は，1封度当たり3ペンス，1連につき7シリング，ゆえに本作業に必要な63連のコストは用紙代77ポンド3シリング6ペンス－消費税（Excise Duty）22ポンド1シリング*1	99	4	6
印刷および用紙の費用合計	205	18	0
扉ページの鋼鉄版印刷代 …… 0 7 6			
鋼鉄版への彫刻および文字代*2 …… 1 1 0			
同上，……Bacon の頭部 …… 2 2 0			
書名ページの費用合計	3	10	6
書名の印刷費，100部当たり6シリング	9	0	0
同上用紙代，100部当たり1シリング9ペンス	2	12	6
広告費	40	0	0
諸雑費	5	0	0
頒布版のみの費用合計	266	1	0
刷上げ1部当たり原価（cost）*3	0	1	9$\frac{1}{4}$
厚紙代			6
1部の原価，装幀済 f	0	2	3$\frac{1}{4}$

* Babbage は，この表題は付していない。
f これらの費用は普及版に関するもので，著者の若干の友人に配布した大版とは関係がない。

(1st ed., pp. 166-167.)

*1 2版以下では，63連のコストは用紙代と消費税は分別表示している。
　　すなわち　用紙代 …… 77 3 6
　　　　　　　消費税 …… 22 1 0　　99 4 6

*2 2版以下では，Roger Bacon（初期イギリスにおける科学者…筆者）の頭部彫刻と文字代を分離している。
　　すなわち　扉ページの鋼鉄版印刷代 …… 0 7 6
　　　　　　　同上，彫刻代，Bacon の頭部 …… 2 2 0
　　　　　　　同上，　　文字 …… 1 1 0　　3 10 6

*3 2版以下では，
　　　　刷上げ1部当たり原価，3,052部印刷，剰余分を含む　0 1 9
　　　　厚紙代　　　　　　　　　　　　　　　　　　　　　0 0 6
　　　　装幀本1部原価　　　　　　　　　　　　　　　　　0 2 3

第2章　C. Babbageの原価理論　45

表2-6

		£	s.	d.
To Printer, for composing (per sheet of 32 pages) 3*l*. 1*s*. ……… 10½ sheets (This relates to the ordinary size of the type used in the volume.)		32	0	6
To Printer for composing small type, as in extra per sheet, 3*s*. 10*d*.………		2	0	3
To Printer, for composing table-work, extra per sheet, 5*s*. 6*d*. ………		2	17	0
Average charge for corrections, per sheet, 3*l*. 2*s*. 10*d*. ………		33	0	0
Press-work, 3000 being printed off, per sheet, 3*l*. 10*s*. ………		36	15	0

Paper for 3000, at 1*l*. 11*s*. 6*d*. per ream, weighing 28*l*. bs.: the duty on paper at 3*d*. per *l*.b. amounts to 7*s*. per ream, so that the 63 reams which are required for the work will cost:—

Paper ……………………………………………… 77　3　6				
Excise Duty ……………………………………… <u>22　1　0</u>				
Total expense of paper ………………………………		99	4	6
Total expense of printing and paper ………………		205	18	0
Steel-plate for title-page ……………………………… 0　7　6				
Engraving on ditto, Head of Bacon ………………… 2　2　0				
Ditto ……… letters ……………………………………… <u>1　1　0</u>				
Total expense of title-page …………………………		3	10	6
Printing title-page, at 6*s*. per 100 ……………………		9	0	0
Paper for ditto, at 1*s*. 9*d*. per 100 ……………………		2	12	6
Expenses of advertising ………………………………		40	0	0
Sundries …………………………………………………		<u>5</u>	<u>0</u>	<u>0</u>
Total expense in sheets ……………………………		266	1	0

Cost of a single copy in sheets; 3052 being printed, including the overplus ………………………………………………	0	1	9
Extra boarding …………………………………………………	<u>0</u>	<u>0</u>	<u>6</u>
Cost of each copy, boarded* …………………………………	0	2	3

*These charges refer to the edition prepared for the public, and do not relate to the large paper copies in the hands of some of the author's friends.

(2nd. ed., pp. 202-203. 3rd ed., pp. 205-206. 4th ed., pp. 205-206.)

　以下は初版における書籍の原価計算を叙述した概要である。劈頭の数字はセクションを示している。

2　目　　的

　「194. 機械の導入により生じた激しい競争と分業の原理の応用は，各マニュファクチュアに対して商品の製造原価（cost）を引下げるための改良方法を見

出すのに注意を向けさせた。この見地から各工程の正確な費用（expense）を知ること，その工程に負担させる機械の使用による減価（wear and tear）を知ることが同様に重要である」[96]

ここでは原価計算の目的は，原価引下げの方法を見出すことにあるといい，その手段として正確な経費および機械の減価を知る必要があると述べている。

原価に対する知識は，商人にとっても政治家にとっても重要であると，次の通り述べている。

「その製品を販売する商人にとっても，原価に関する同様な情報は必要で，詮索好きの質疑に対して合理的な返答を与えることができ，その生産者に対しては，彼の商品に対して得意先の好み（fashion）もしくは財務に応ずるように改良を示唆する機会を提供することができる」[97]

セクション195においては，各工程における原価分析の効益の第一は，ムダを省き，作業方法の改良の方向を示唆できることを挙げている。この部分については，すでに述べたので省略する。

「196. 粗雑な機械を使用し，筋肉労賃の極めて安い国の製造経費（expense of manufacturing）は，ジャバ（Java）の綿布の価格に表現されている。綿實の重量は1ピクル（picul）約133封度の単位で売却される。土着民は，粗雑な木製のローラーによって，種と綿とを分離する（繰綿）が，1日の労賃で約1¼封度の量にすぎない。この段階では，繰綿の価格は，原初原価の4倍ないし5倍となる。マニュファクチュアの各工程における生産物の価格は次の通りである。

```
                                    ドル
        綿 實……………………………… 2—3
        繰 綿………………………………10—11
        綿 糸………………………………24
        藍染綿（cotton thread died blue）…………35
```

---

96) 1st ed., p. 164. 4th ed., p. 203. Church が *Engineering Magazine* の劈頭において，後には Edwards, Pollard および Solomons が引用したのは，このセクションである。David Solomons, "The Histoial Development of Costing," Solomons（ed.）, *Studies in Costing*, 1952, pp. 8-9.
97) 1st ed., p. 162.

並綿布……………………………………50

かくて，ジャバにおける紡績の経費は，原料価格の117パーセントとなる。藍染の経費はその価格の45パーセント，綿糸から綿布に織り上げるのにその価格の117パーセントの経費を要する。イングランドにおいて綿を良質の糸に紡ぐ経費は約33パーセントである＊」（＊これらの事実はCrawfurd's *Indian Archipelage* による）[98]

3　例　示

「197. マニュファクチュアの各工程の原価の一例として，現在読者の手許にある本書の費用分析表は，興味があろう。とくに本書に対する税の性質および範囲の性質を察知するのには都合が良かろう。余り使用しない大判の用紙に印刷するのが経済的である。それゆえ，八つ折版（8vo.）[99]と呼ばれている各シート当たり32ページが実際に含まれている[100]」

かくてBabbageは，自著 *Economy* の工程別原価計算表を掲記している。表2-5によると版組代・校正費・印刷費・用紙代等の材料費が，労賃と混合して表示されており，広告費および諸雑費を（製造間接費として）グルーピングしないで，直接費としての原価要素となっている。機械減価償却費の表示はなく，その配賦計算も行なわれていない[101]。意識と表現様式とは別の次元に属するとしても，彼が経費を間接費として認識していたかどうかは疑問の余地が多い。

Babbageは，この書籍の原価計算表の原価要素について，活字の大小，注記および外国語の使用，数学上の表示について補足説明を行なっている。

「198. この分析は若干の説明を要する。印刷業者は通常版組代として，同一タイプの活字について1シート当たりの料金を請求する。この料金は，文章の

98）　1st ed., §196, pp. 165-166,『全集』第23巻第1分冊, p. 511.
99）　通常6×9.5インチ。
100）　1st ed., p. 169. 2版以降では，注106）参照。
101）　反対説として以下のものがある。「Charles Babbage の On the economy of machinery and manufactures, 1832 に於て各工程並びに機械の減損の正確なる費用を知ることは極めて重要である。……機械の減価償却費は明らかに原価計算の内容を構成している」宮上一男稿「間接費・固定費論—原価回収計算の発展—」『経営研究』第5巻第4号, 昭和11年, p. 45.「バッベェジィは直接費に対して経費または間接費に該当するものを認識していた事実（傍点は筆者）は否定できないであろう」久保田音二郎, 前掲書, p. 47.

大小によって規制されるために，1シート中の数量について価格を契約するから，その後紛争が起こることはほとんどない。若干の引用を行なったり，その他の作業すなわち小活字で印刷することを要求したり，多くの注記とか，ギリシャ語その他の外国語の文脈を若干挟んだり，異なったタイプの活字を要求したりする場合には，最初の契約において考慮され，小額の割増を認める。小活字が大部分であれば，1シート当たりの料金は特別に割増されねばならない。不規則な線や多く数字がある時，印刷業者はいわゆる作表作業（table-work）と呼び，1シート当たりさらに高くつく」[102]

かつての自著の印刷経験にかんがみて「ほとんど数字ばかりで，注意深く構成を要するときには版組代は通常2倍となる」[103]「数年前大版ページの対数表（table of logarithms）を印刷した。新型パンチ（punches）は必要でなかったが，読むのに追加労働と注意を要し校正もあり，数種の新活字を鋳造したので，1シート当たり約2ポンドのステロ版型（Sterotype Plate）を鋳造しなければならなかった。この場合1シート当たり11ポンドを要した。デマイ版八つ折（demey octavo）[104]で同じ大きさの活字であれば，1シート当たり38シリングで仕上げることができたであろう。しかしこの費用は，この作業を始める以前に確定していたから，なんらの困難も生じていない」[105]

セクション199は，校正および変更（*correction* and *alterations*）に要する費用を叙述したもので，費用の測定は困難であるという。自著の原価計算表では「校正に対する平均費用」（傍点は筆者）を計上している。ここでの原価計算は実際原価計算ではなく，予定原価計算によるものであることがわかる。彼は自己の経験に基づき，概ね次のごとく述べている。

校正は著者だけでなく，発行人，印刷所主，もしくは職人にとっても極めて厄介なものである。この費用を節約しようと思うなら，全部の原価を浄書しておけば，校正費は少なくてすむ。しかし，活字に組上げないで，ある文章が正確であるかどうかを判断するのは困難であろう。印刷に当たって，彼の見解を

---

102) 1st ed., pp. 167-168.
103) *Ibid.*, p. 168.
104) 紙の大きさ，15.5×20インチ，または17.5×22.5インチ（英）。
105) *Ibid.*, p. 168.

見たときに，著者は若干加筆したり，説明を加えたりする必要があろう。それゆえ，もし著者が引用による転写の労力を省いたり，その用語に対して最後の磨きをかけようと思うなら，費用が増加しても，目的を達成できるかもしれない。印刷所が活字を十分在庫しておれば，彼の全作業を技術的にスリップ（slips）*と呼ばれているものに刷らすと，修正をできるだけ少なくすることができる。本書はスリップで刷上げた。しかし，校正は異常に多かった。しばしば修正した。

  ＊スリップとは細長い紙片のことで，印刷用語として小刷りまたは棒組による校正刷りといわれ
   ている。Babbageによると，区分されている時はテキストの2ページから4ページ分の印刷
   ができると述べている。

 セクション200は当時における印刷もしくは刷上げ（press-work or *printing off*）に要する代金は，250部を unit cost として請求する慣習であったことを叙述している。すなわち「印刷費はそれぞれ250部（sheets）当たりの価格で課せられ，若干の端数も250部として計算される。出版部数が多い時は，250部に対する価格は割引される。本書を250部（copies）だけ印刷すると1部当たり11シリング課せられることとなる」[106]

 小部数の印刷でも，250部の代金を請求する慣習が踏襲されているからである。20部や30部だけの場合や，3部や4部の試し刷りの場合でも，印刷所主は彼の従業員に他の条件を飲ますことができないのは残念である。もし50部以上であれば，250部と同様の料金とし，50部以下であればその半額にすると，双方とも満足するであろうと述べている。

4 資本利益率

 セクション201は，消費税について述べている。「使用する紙の重量は，軽いのが良いが，著者は彼の書物を見栄え良くした方が読者から多くの代金を受取れると思い，双方が相殺されることになる。このことは余り重要ではない。しかし，消費税について大衆や著者が感ずる他の影響もある。彼らが消費税を支払うだけでなく，紙製造業者が追加資本の使用に対して要求する利益がある。

---

106) 1st ed., p. 169, 2nd ed., §255, p. 205 および 4th ed., §258, p. 207 では「実際に負担，5シリング10ペンスの代わりに」と補足している。

表2-7　売価6シリングの書籍の利益配分
(Distribution of the Profit on a Six Shilling Book.)

	仕入価格 s. d.	販売価格 s. d.	資本利益率 パーセント
No. I. ―出版者，受領した各部数に対し著者への勘定 ……	3　10	4　2	10
No. II. ―書籍販売業者，予約者へ販売 ………………	4　2	6　0	44
一般へ販売 ………………………	4　6	6　0	$33\frac{1}{3}$

(1st ed., p. 261. 2nd ed., p. 310. 3rd ed., p. 315.)

印刷業者と書籍取扱い業者は，増加部数の価格に対して利益を支払うことである」[107]

セクション202は，広告費の見積(estimated charge)(傍点は筆者)について，本書の発行部数に対し，普通の引当額として40ポンドを計上している。「新聞紙上に広告するのが最も効果的であるが，最小限3シリング6ペンスの税を課せられており，本書の広告費のほとんど半分は税である」[108]という。

セクション202は「本書の製造部数への276ポンドの支出に対し，42ポンドは直接税として支払われている」[109]税額42ポンドは，広告費，紙その他の材料費に対するものである。Babbageは引続いて広告の機能を論じ，広告費への課税を非難しているが，その詳細は省略する。諸雑費についての記述は存しない。

別に第29章において，自著が1部6シリングで販売された時，出版社および書籍販売業者が受取る利益(資本利益率)を掲記している(表2-7)。

Babbageの原価計算重視の姿勢は，原価引下げであるが，その究極目的は投下資本に対する利益率の確保にあったといえる。

V　結　語

BabbageのEconomyは，原価引下げを焦点とした方策の展開に終始している。経済恐慌や企業間競争を意識する限り，企業を取巻く環境・資本・労働・

---

107)　1st ed., p. 170.
108)　Ibid., p. 170.
109)　2版以降では，「現在の部数の生産に必要な224ポンドの支出に対し，42ポンドは直接税として加算されている」と訂正している。2nd ed., §258, p. 206. 3rd ed., §262, p. 209. 4th ed., §262, p. 209.

技術および物的基盤に応じて，原価引下げの予定とか予算，もしくは標準には一定の基準があり，原価差異の分析がなければならない。Babbage には原価管理論があったとはいい難い。未来思考的な計算原理に言及しても，それには相対的基準は存しない。基準があるとすれば，当時一般的に使用されていた資本利益率であろう。

　Marx および Engels の著述には，Babbage の *Economy* から少なくとも73ヵ所の抜粋が認められるが，だからといって Babbage の理論を Marx や Engels が継承したのではない。Babbage は限界理論（marginal theory）を盲信していないが，Ricardo 学派を尊敬している。[110] Marx はその批判者でさえある。

　17・18世紀のイギリスは，工業の「黄金時代」であり，手工業者は労働と経営を兼ねており，文字通り master-manufacturer であった。好きな時間に働き，暇な時に耕作し，衣料もビールも自宅で作っていた。家族生活も維持されて，善良な尊敬すべき社会の一員であった。しかし，資本と労働の分離が顕著になると状況は一変した。彼らは賃金労働者となり，生活は賃金に依存することとなった。工場では定刻に出勤し，厳格な規則に縛られて，魂のない機械に長時間従属するのは，兵舎や牢獄に入るようなものであった。婦人や児童まで働かねば，男子だけでは生活ができなかった。婦人や児童は手先も器用で，安上がりなので，工場主は彼らを歓迎した。規律違反には，児童を拳で殴ったり，鞭打ったり，ときには拷問をしかけたりした。Babbage は，この「家族奴隷制度」を認容したのである。Babbage は労働の全収益をひとり占めしようとしたのではない。その証左として「工場主の繁栄と成功は，労働者福祉にとって重要である」という文言をあげるであろう。それには前提がある。労働者が利益配分に預かろうとすれば，その貢献度に応じなければならないというのである。

---

110) Toynbee は，「リカルドの経済学は智的欺瞞」で「労働者の頑強にして盲目的な反撥」をかったと述べている。Arnold Toynbee, *Lectures on the Industrial Revolution of the Eighteeth Century in England*, 1884. 芝野十郎訳『十八世紀　英國産業革命史論』岩波書店，大正14年，pp. 227-228. Hobsbawm は，機械，職務規律，出来高賃金労働および非経済的強制による労働者への搾取を論じ，「合理的な原価計算や労務管理は稀であり，科学者チャールズ・バベイジ（計算機の創始者）のようにそうしたことを勧告した人びとは非現実的な奇人とみなされた」と述べている。E. J. Hobsbawm, *Industry and Empire*, 1968. 浜林正夫・神武庸四郎・和田一夫訳『産業と帝国』未来社，昭和59年，pp. 146-147.

Babbage の利益配分思考や，報奨制度の提案は，ストライキや工場の機械をたたき壊す——ラダイトの暴動（Luddits Riots）への恐怖からであった。それにしても Robert Owen のように「生命ある機械」すなわち人間に対して「機械」に対すると同じような配慮を示し[111]，鉛塊や銅の薄板といった材料に関心を払うと同様に人間の肉体と精神というもっと優れた材料を二義的に取扱わないで，主体的に取扱うべきであった。

　Babbage の Economy が「原価計算の必要を論じた最初の文献」なのであろうか。原価諸項目を勘定に集合することは古くから行なわれていた。Edwards や，Garner が多くの例示を挙げている。勘定とは別に製造経費を集約表示する方法を原価計算（表）というなら，N. Mckendrick が Wedgwood の原価計算表（1772年）を掲記している[112]。イギリスの鉄道では，19世紀の20年代に Walker の見積原価計算表がある。「必要を論じた」という文言にこだわるなら，Babbage を論じた Garner でさえ「バベイジは，目的は立派に述べているが，その目的を達するために必要な原価計算については論じなかった[113]」と述べている。強いていえば，Edwards・Garner・Pollard および Solomons が引用した「各工程の正確な費用を知ることがたいへん重要である」という文言であろう[114]。そこでは，工程別原価計算の必要を主張しているからである。

---

111) Robert Owen, A *New View of Society*, cited by G. D. Cole, 1825, pp. 57-62. 本書の要約は H. F. Merrill, *Classics in Management*, 1960. 上野一郎監訳『経営思想変遷史』産業能率短期大学出版部, 昭和43年, pp. 2-7.
112) N. Mckendrick, "Josiah Wedgwood and Cost Accounting in the Industrial Revolution," *Economic History Review*, April 1970, pp. 45-67.
113) Garner, *op. cit.*, p. 66.
114) これより先，フランスの Godard は，工程原価（process costing）を叙述している。Babbage はその影響を受けたのであろう。Solomons, *op. cit.*, p. 10.

第3章 Mark Huish, イギリス鉄道管理会計の先駆者
―――ロンドン・アンド・ノース・ウェスタン鉄道―――

I 序

　本稿は1846年, Grand Junction 鉄道, London and Birmingham 鉄道および Manchester and Birmingham 鉄道を合併して成立した London and North Western 鉄道（以下, L. N. W. と略称）の総支配人 Captain Mark Huish が, イギリス鉄道の激動期において専門経営者として果たした先駆的業績を追求することを主な目的としている。Huish が巨大化した鉄道の経営上の諸課題, すなわち会計・原価計算・組織・統計およびテクノロジーに至る未開拓の分野に能率的・計画的かつ科学的視座から, 経営を組織化した過程を明らかにしたものである。資料は主として T. R. Gourvish の学位請求論文およびそれを補足した著述を参考にしている。

II 経　歴

1 印　度　軍

　Mark Huish は1803年3月9日, マンチェスター東南の Nottingham で生まれた。彼の両親はプロテスタント反対派の教会（Church of Protestant Disser）に属していたので, 非国教主義者としての影響を受けたとみられている。平凡な少年期を送った後, 1823年, 会社軍（company army）の士官候補生となり, 翌1824年3月, 16歳にして印度に渡航し, 第67連隊ベンガル原住民歩兵隊（67th Regiment, Bengal Native Infantry）の旗手として登録された。

この印度軍は，後日貿易会社としての仕事をすることになる。19世紀の初期において，士官たちは一般になんらの訓練も受けないで，若くして印度に送られ，年俸£120の薄給から始まる不自由な生活をしなければならなかった。

1824年，HuishはカルカッタのFort WilliamにおいてAmherst卿の指揮下[1]に入り，1825年7月，新編第6臨時連隊（後日第74連隊）に転出し，退職するまで勤務した。その間簿記の知識を吸収し，後日鉄道会社での各種の財務問題の処理に役立つこととなる。

彼は17歳にして中尉となり，1826年，Amherst卿の私的護衛として行動し，1830年1月以降主計将校となり，また連隊の通訳としての仕事もしていた。この間彼は管理（administration）の基礎を習得することとなる。[2]

Huishはチッタゴンにおいて主計官として過ごしたが，生活は苦しく，昇進の機会にも恵まれなかった。[3] 1834年，10年に及ぶ印度での生活に耐えられず，26歳にして休暇を取り，退職した。大尉（Captain）に任命されたのはイギリスに帰ってからである。しかし，彼はその後においても軍隊と印度への情感を断ち切れなかった。

やがて，HuishはLiverpool and Manchester鉄道の成功とそれに続く第1期鉄道建設マニアに遭遇する。Huishの教養，簿記の知識そして軍歴が彼の情熱をかきたてた。1837年7月，印度軍からの年金も終わったので鉄道会社で働く決心をしていた。1837年までに，蒸気機関車（Locomotive）を主な運輸手段とする鉄道計画がイギリス全土に広がった。スコットランドにも鉄道建設計画が盛り上がった。

2 Glasgow, Paisley and Greenock 鉄道

1837年10月19日，*Greenock Advertiser*紙にGlasgow, Paisley and Greenock

---

[1]　ベンガル総督（マドラス，ボンベイも統括）はプラッシーの戦い（Battle of Plassley）以降，セポイの反乱（Sepoy Revolt）まで東印度会社の印度代表となる。

[2]　T. R. Gourvish, *Mark Huish and the London & North Western Railway*; *A Study of Management*, （以下Mark）1972, pp. 47-48.

[3]　「士官の任務は苦しかったので，彼らの多くはアヘンで氣を紛らわした。酒に逃れる者もいた」Brian Gardner, *The East India Company*, 1971. 浜本正夫訳『イギリス東インド会社』リブロポート社，1989年，pp. 246-247.

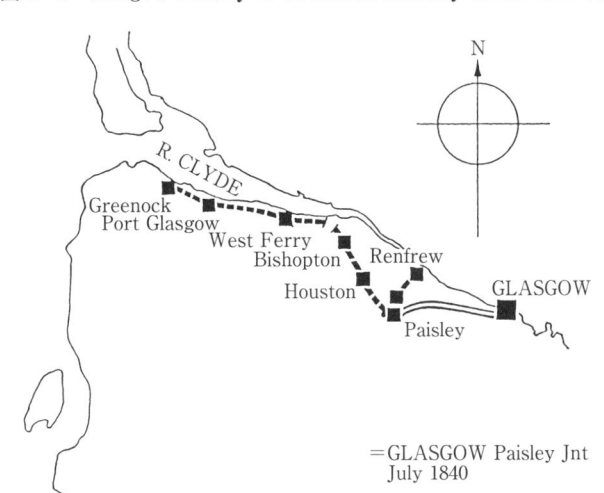

第3章 Mark Huish, イギリス鉄道管理会計の先駆者　55

図 3-1　Glasgow Paisley & Greenock Railway（1837-1841年）

鉄道の書記（secretary）募集の広告が載せられていた。それは記帳（Books）および会計（Accounts）の知識を持つ，会社の一般業務の経営者兼総監督を募るというものであった。彼はただちに応募した。この鉄道は，1837年7月15日認可を受けた。認可資本金£400,000，認可借入額£133,333，全長僅か22マイル42チェインの小鉄道で，沿線の人口も少なく，Clyde河には蒸気船が低運賃で航行して同鉄道と競争していた。彼の予定給料は年俸£200，保証（人）として£1,000を要求されていた。彼はGreenockに移り，11月24日から書記として取締役会の決議に基づき財務・会計および法務等の業務を補佐し，1841年7月7日まで勤めた。別に1838年1月からGlasgow and Paisley Joint Line Committeeの共同書記（joint secretaries）のひとりとして，この鉄道の第1期工事7マイルの建設と経営企画および労務にも携わった。7月には年俸£400に昇給した。彼の仕事は会社のコレスポンデンス，帳簿に基づく監督と経営，会議の準備と議事録の作成であった。彼はこれらの業務を能率良くこな

4）　Gourvish, *op. cit.*, Mark, p. 49.
5）　Francis Whishaw, *The Railways of Great Britain and Ireland*, 1840, p. 120.
6）　Glasgow, Paisley and Ayr鉄道とGlasgow, Paisley and Greenock鉄道との合同委員会。

したので，取締役たちの支持を得て，自己の意見を表明し，それを実行する命令権すなわち全体的管理権をも与えられていた。かくて，Huish は鉄道建設に関する作業の内容，技師との交流，スコットランドにおけるイギリス諸会社の企画等を知ることができた。

3　Grand Junction 鉄道

1841年5月，Huish はリバプールにおいて Grand Junction 鉄道の代表者たちと接触した。1837年，同鉄道はすでに開通していたが，管理者たちの実務経験の不足に悩んでいた。とくに現場監督兼書記 Captain J. E. Cleather らに対する不満があった。Huish の才能が認められ，5月29日，Grand Junction 鉄道の取締役会は，彼の招聘を決議した。

Grand Junction 鉄道はリバプールの銀行家 John Moss（後に議長）らによって企画され[7]，1833年5月，同時に認可された London and Birmingham 鉄道とともに当時におけるイギリスの代表的大鉄道であった。Grand Junction 鉄道の当初の認可資本金 £1,040,000（後日 £1,906,000），認可借入額 £346,000，幹線は Birmingham — Crewe — Warrington 間78マイルを有し，Birmingham から着工し，Liverpool and Manchester 鉄道との連結を意図していた。旅客のほか石炭，その他の貨物・家畜（豚・羊等），郵便物の輸送を企画していた[8]。しかし同鉄道の経営については，激しい議論が交わされていた。

Huish は書記として仕事を始めたが，「借入金および負債計算書」(statements of loans and liabilities) を計算して，これからは忙しくなると思った。1841年8月6日，株主総会において Huish は書記兼総支配人に任命された。経歴からして同社にとって彼は価値のある職員であったので，初任給は £700 — £1,000 に相当するとみられ，後日当時としては最高給の年俸 £1,250 を支払った。

---

[7] M. C. Reed, "The Origins of the Grand Junction Railway 1829-339," *Transport History*, Vol. 3, 1970, p. 306.

[8] *Ibid.*, pp. 304-324. Grand Junction 鉄道の株主はリバプールの商人たちが多く，増資のたびに応募し，1845年には所有株は約55％となった。一方，Liverpool and Manchester 鉄道の株主もリバプールの商人・製造業者・銀行家などによって支配されていたので，1845年8月，両鉄道は合併することとなった。

第3章 Mark Huish, イギリス鉄道管理会計の先駆者　57

図3-2　Grand Junction Railway (1833-1846年)

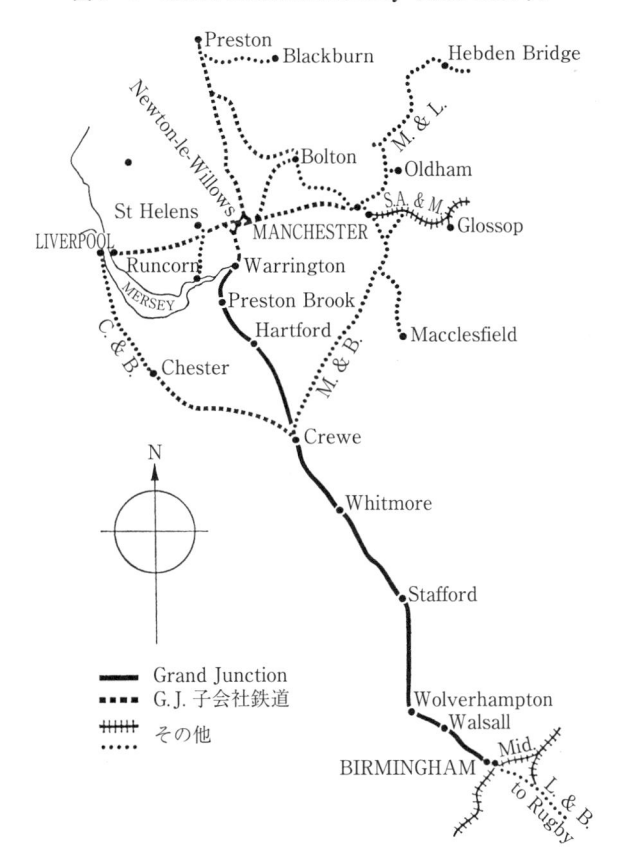

　Grand Junction 鉄道において Huish は管理者として，また競争鉄道との戦いにおいても才能を発揮した。Greenock 社で経験しなかった分野にも従事したので幅広い能力を身に付けることができた。貨物輸送の統制や初期の運輸協定 (negotiation of traffic) および長期協約に至るまで賛意を取り付けることに成功し，有能な協定者であることを立証し，1840年代の初めにはイギリスにおける一流の経営者のひとりとなっていた。

　Grand Junction 鉄道の財務は，1841年までは取締役たちが主掌し，その指示のもとでトレジャラーが行なっていた。しかし鉄道ブームによって地価の騰

貴，諸経費の増大があり，しかも金融市場での資金の調達は容易でなかった。Huishは貸借対照表の作成や運輸統計を担当していたが，運輸からの収入や車輌の修繕費，損害賠償の支払にもタッチせねばならず，原価計算や利益の決定にも関与することとなった。彼は労務政策を改善し，事故や不注意による冗費を削減することに成功した[9]。かくて，1841年から1845年までGrand Junction鉄道の純利益は£250,000であったが，1846年には£789,697に上昇し，配当は10％を維持していた[10]。

4　鉄道会社の会計実態と法的規制

1820年代から1830年代にかけて，イギリスの初期の鉄道会社の多くは，熟達した管理者も少なく，経営上の諸問題に対処してそれを解決する原価計算も欠けていた。勘定記録や利益の決定についての行政指導も極めて少なかった[11]。支出の資本と収益への配賦や，減価償却の本質についての困難な課題も未解決であった。鉄道は厖大な設備投資を要し，更新時に間に合うように減価償却（depreciation）や陳腐化（obsolescence）のための基金を設定しておかねばならないが，現金収入をそのための支出にどのように対応させ利益を計上するかは容易ではなかった。18世紀まで採用されていた粗雑な現金主義会計（crude cash accounting methods）は，もはや適合性を喪っていた[12]。不経済な外延的資本形成や未来原価の発生についての関心は余り払われなかった。会計実務の内容も雑多で，そのため財務諸表の開示はあっても，信頼性に乏しく，その誤導によって投資家の多くは損害を蒙っていた[13]。このような状況に対処して，政府は1844年8月，The Cheap Trains Act, 7 & 8 VICT. c. 85, 続いて1845年5月，The Companies Clauses Consolidation Act, 8 Vict. c. 16. を公布した。前

---

9) Gourvish, *op. cit.*, Mark, p. 9.
10) 湯沢　威『イギリス鉄道経営史』日本経済評論社，昭和53年, p. 75.
11) Harold Pollins, 'Aspects of Railway Accounting before 1868,'（以下 Aspects）A. C. Littleton & B. S. Yamey (eds.), *Studies in the History of Accounting*, 1956, p. 337.
12) Richard P. Brief. 'The Origin and Evolution of Nineteenth-Century Asset Accounting,' *Business History Review*, XL, 1966, pp. 3-4.
13) Smithは，1844-1845年の2年間に，イギリス鉄道の株価は£200,000,000下落したと述べている。Arthur Smith, *The Bubble of the Age, or, The Fallacies of Railway Investment, Railway Accounts, and Railway Dividends*, second edition, 1848, p. 12.

者は鉄道会社の最高運賃などを規定したものである。なお年度利益は払込資本の10％を超えてはならない（第1条）。現金収支の「十分かつ真実な会計」（full and true account）を要求している（第5条）。旅客に対し特定日を除き格安列車（cheap train）を運行すべきこと，3歳以下の小児は無料，16歳以下の子供は大人の半額という規定も行なっている（第6条）[14]。後者は鉄道会社に帳簿記録・その保管・現金収支計算書の作成（第115条），正確な貸借対照表および明瞭な損益計算書の作成を規定した（第116条）。また資本からの配当を禁止し，減価償却費や偶発事故による損失についても利益から基金を拘置できると規定した（第122条）[15]。

これらの法令の施行を巡って鉄道間の競争は激しくなり，経営能率の改善，その合理化・科学化への要請が広がっていった。かくて，Huish の出番が廻ってきたのである。

Ⅲ London and North Western 鉄道

1 設　立

1845年，Huish は外交的手腕を発揮して Grand Junction 鉄道（合併前認可資本金 £1,788,560）とその敵対的関係にあった Manchester and Birmingham 鉄道（合併前認可資本金 £2,800,000）および London and Birmingham 鉄道（合併前認可資本金 £8,653,750）との合併を促進することに成功した[16]。1846年7月16日，3鉄道の合併が認可され（9 and 10Vic., cap. 204.），London and North Western Railway が設立された[17]。同鉄道は支線を含めて走行距離420マイル[18]，合併時の連結資本金 £13,091,067，払込前受金および社債 £8,791,734[19]，

---

14) 詳細は J. H. Balfour Browne and H. S. Theobald, *The Law of Railway Companies, Being a Collection of the Acts and Orders* ……, 1899, pp. 52-62.
15) *Ibid.*, pp. 119-121.
16) C. R. Clinker, *Bardshaw's Railway Manual, Shareholders' Guide and Directory*, 1869, p. 182.
17) Reed, *op. cit.*, p. 139. Gourvish, *op. cit.*, Mark, pp. 52-53.
18) Smith の計算では，開通線517マイル，支線等1,167マイル（Smith, *op. cit.*, Appendix, Account, No. II.）。
19) *Ibid.*, p. 67.

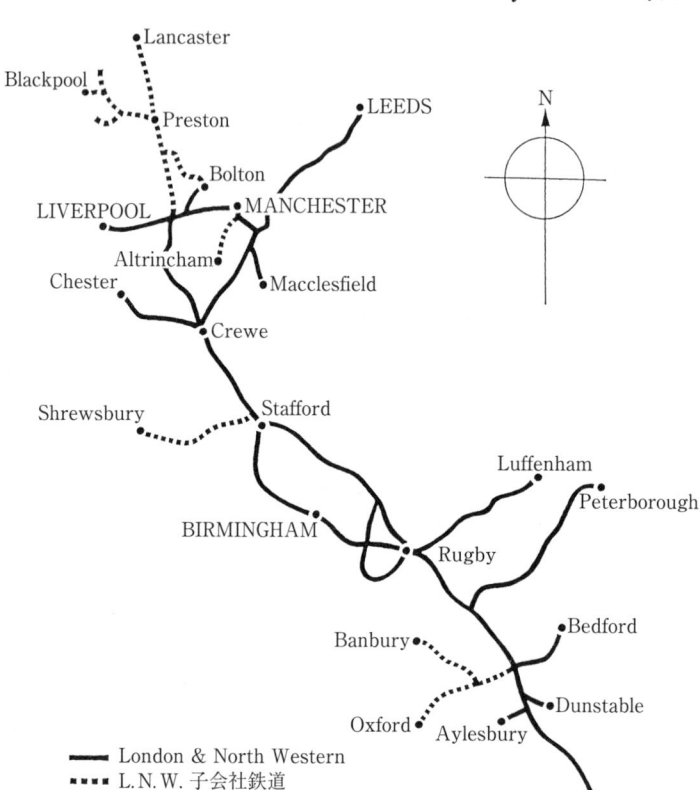

図 3-3 The London and North Western Railway (1846-1851年)

――― London & North Western
▪▪▪▪ L.N.W. 子会社鉄道

1867年には認可資本金£29,817,152となり[20], 当時イギリスにおける最長鉄道となった。ロンドンからBirminghamを経由してリバプールおよびマンチェスターに達する基幹鉄道となったので, 3鉄道を乗り換える時間と不便は解消された。しかし, 全線の営業は1851年まで待たねばならなかった。新会社の議長はGeorge Carr Glyn, 技師長はRobert Stephenson, Huishは総支配人となり年俸£2,000を給せられた[21]。それは, 当時の主要な鉄道会社の取締役の年俸

---

20) Clinker, *op. cit.*, p.192.
21) W.T. Jackman, *Transportation in Mordern England*, Vol. II, 1916, p.587.

約£1,000に比べると破格の待遇であった。

合併当時のL.N.W.の従業員14,891人は各地域に分散しており,財務上固定資本の比率は増大し,運転資本は欠乏し[22],業務の拡張に伴う経営上の諸課題が山積しており,そのうえ取締役たち相互の対立もあって,社内にはペシミズムが充満していた。公的規制による詳細な財務諸表や営業状態の開示や企画の表明などは,どの鉄道も迷っていた。その先導的役割を果たしたのが,1848年10月のL.N.W.の財務諸表であった。公的規制の強化によって,運賃原価の表示,減価償却基金の設定,長期建設工事の見積原価の計上が,各鉄道会社間の討議に上ることとなった。HuishとGeorge Kingとの減価償却基金を巡る論争もこのような背景があったからである[23]。

2 月次報告書―意思決定手段

1847年の恐慌によって,諸鉄道会社の利益は減少し,配当率も低下したので鉄道株は暴落した。鉄道会社の粉飾決算の露見もあって,それが監査(auditing)を行い内部統制(internal control)を改良する契機となった[24]。L.N.W.では1848年以降,株主に対して複式簿記による元帳に従って現金主義による会計報告を始めた[25]。1849年には,会計士による監査を命じている。監査は資本からの配当についてとくに注意を払っていた。

Huishは現場の実態に詳しかったので,詳細な統計的情報を盛った月次報告書(monthly report)を定期的に取締役会に提出し,有効な意思決定(decision-making)に資した[26]。経営上の特殊事項についての報告書は,彼の会社だけでなく産業界全体としても価値のある理論であるとGourvishはいい,彼を管理会計(management accounting)の実践者として高く評価している[27]。

---

22) Leopold Turner (ed.), *Fifty Years on the London and North Western Railway, and Other Memoranda in the Life of David Stevenson*, 1891, p. 19.
23) 詳細は中村萬次『恐慌と会計―鉄道会計史の視座―』晃洋書房,1997年,pp. 108-114.
24) Pollins, "Railway Auditing-A Report of 1867,"(以下 Auditing)*Accounting Research*, Vol. VIII. 1957. p. 17.
25) *Ibid.*, p. 18.
26) L. N. W., *Board Minutes*, 16 Oct., 1846.

3 減価償却

　その一例として Gourvish は，Huish の減価償却の理論をあげている。衆知のように初期の鉄道だけでなく他の企業でも減価償却とはなにか，その費用をどう認識し測定するのかについて統一した見解は存在しなかった。ある鉄道はプラントの市場価格での原価の低落を，他の鉄道は新規製品原価との差異を，さらに他の鉄道は再調達原価との差異を意味していた。Huish はそれらを認めており，1848-1849年次報告書の序言において，車輌および道床の損壊（deterioration）すなわち品質の劣化に触れ「その金額を確定するための認められた理論は存しない」という。かつて，Huish が勤めていた Grand Junction 鉄道では，Liverpool and Manchester 鉄道に倣い，「車輌の評価に当座市場価値（current market value）を用い，価値の変動は収益勘定（revenue account）に借記もしくは貸記した。かくて，1839年には，これまでの6ヵ月間の減価額£5,000が収益勘定の借方に，車輌勘定（Stock Account）の貸方に記入された」しかし，1841年，半期の減価償却費を収益にチャージする実務は，株主総会で反対されたため行なわれなかった。代わって減価償却基金（depreciation fund）が設けられることとなった。これは車輌の改良が目的で，目に見えないが消耗が進行し，費用として阻止できない確実な損耗（sure decay）を充たすことを意図したものであった。かくて，1842年6月30日以降の年次報告書において，「減価償却および車輌更新基金」（Depreciation and

---

27) Gourvish, "Captain Mark Huish: A Pioneer in the Development of Railway Management," (以下 Captain) *Business History*, Vol. VII, No. 1, January 1970, p. 48. Huish の迅速な月次報告制度は，当時のアメリカ鉄道の有名な管理者（executive）とくに Erie 鉄道の D. C. McCallum とは異なると述べている。

　　A. D. Chandler, Jr., "The Railroads: Pioneers in Modern Corporate Management," *Business History Review*, Vol. XXXIX, No1, Spring 1965, p. 32, Gourvish, *op. cit.*, Mark, p. 148n. McCallum の管理システムについては上總康行『アメリカ管理会計史』上巻，同文舘出版，平成元年，pp. 80-90. 足立　浩『アメリカ管理原価会計史』晃洋書房，平成8年，pp. 299-324.

28) Gourvish, *op. cit.*, Captain. p. 48.

29) 中村萬次稿「鉄道業の減価償却会計，1830-1850」日本大学経済学部『産業経営研究』創刊号，昭和56年，pp. 135-136.

30) Pollins. *op. cit.*, Aspects, p. 345.

31) 当時の減価償却費の処理について *Herapath Journal* の社説では次の通り述べている。「貨車，馬に引かせる二輪車（carts）および客車が使用によって消耗した時は，その期の所得から更新された」（*Herapath Journal and Railway Magazine*, 2 September, 1848, p. 929.）

London and Birmingham Railway

Dr.	RESERVE ACCOUNT, for Depreciation of Stock, (*Dec.* 31*st*, 1838.)			Cr.
		Locomotive.	Coaching.	Total.
To Balance £16,812	By Reserve, June 30, 1838 . £3,500	. £2,000	. £5,500
	By　　〃　　December 31, . £5,007	. £6,305	. £11,312
		£8,507	£8,305	£16,812

renewal of Stock Fund）を設定することとなった。この基金から減耗した車輌を更新するための支払がなされることとなるのである。これに加えて同鉄道は，偶発事故に備えて準備基金（reserve fund）を設定し，配当の変動を避けるのに用いた[32]。

合併に加わったいま一方の London and Birmingham 鉄道では，全線開通前の1838年に，「車輌減価償却準備金」（Reserve Account, for Depreciation of Stock）を設定した。

1839年以降，「実際原価」（actual Cost）に対し半期ごとに5％の減価償却を行なうこととなった。その説明として，費用のチャージをより均等化し，車輌を有効かつ統一的に維持するための足場としたと述べている[33]。基金（fund）は広義に解釈され，車輌の更新だけでなく，その一部は配当にも充用されていた。かつて同社の議長であった Carr Glyn は，基金は避け難い車輌の減価償却のために設定しているが，会社の半期利益もしくはその期の資本からの支払に充当することも容認している[34]。車輌の減価償却基金の設定に関する両鉄道の相異なった見解は，合併後の取締役たちに反映していたので，Huish にも影響を与えた。

L. N. W. は，1846年の新設合併時には減価償却は行なっていない。その理由として Pollins は，新路線の改良，建物の拡張，他社との合併が会計的消化不良（accounting indigestion）をもたらしたからであると述べている[35]。

1847年，L. N. W. は車輌・道床およびレール更新のために減価償却基金を再

---

32) Pollins. *op. cit.*, Aspects, pp. 345-346.
33) *Ibid.*, p. 346.
34) London and Birmingham Railway, *Report and Accounts*, 31 December, 1841, cited by Pollins, *op. cit.*, Aspects, p. 347.
35) *Ibid.*, p. 347n.

表 3-1　道床更新基金　L.N.W.（1848年12月-1852年12月）

期　　末	哩　数（複線）準備金	留　保　額 本　体 £. s. d.	利　息* £. s. d.	合　計 £. s. d.	マイル当たり年間,利息込 £. s. d.	マイル当たり年間,利息除外 £. s. d.
1848年12月31日		26,250 0 0	…	26,250 0 0	…	…
1849年 6 月30日	477 1/2 {	7,000 0 0	525 0 0	7,525 0 0	} 55 1 4	52 11 1
1849年12月31日		18,095 0 0	675 10 0	18,770 10 0		
1850年 6 月30日	512 1/2 {	8,947 4 6	1,050 18 0	9,998 2 6	} 61 13 1	57 5 0
1850年12月31日		20,349 0 0	1,250 17 3	21,599 17 3		
1851年 6 月30日	530 3/4 {	10,453 0 0	1,683 13 6	12,136 13 6	} 67 5 9	60 7 6
1851年12月31日		21,592 0 0	1,985 12 0	23,577 12 0		
1852年 6 月30日	582 1/2 {	11,899 0 0	2,397 3 0	14,296 3 0	} 71 12 1	62 17 8
1852年12月31日		24,732 0 0	2,683 0 0	27,415 0 0		
パー合　　計	… £	149,317 4 6	12,251 13 9	161,568 18 3	…	…

＊ 利息は 4 ％ないし4.5％の複利で計算。
　（London and North Western Railway, *Report to the Permanent Way Committee, on the Renewal fund*, April, 1853, p. 5.）

び導入した（表 3-1）。しかし，車輛の減価償却のため収益勘定から控除した金額は，ほとんどただちに，不必要と考えられ，次期の計算では準備金勘定に振替えられた。[36]

1848年，Huish は取締役宛に車輛減価償却基金約 £30,400 を前半期の利益から留保するなんらの理由も存しないと勧告した。その理由は，早期（合併時……筆者）からの基金もあり，他社との契約によって車輛は十分満足な状態にあり，当社の利益は他の会社より大である。稼働車輛の市価は £70,584 で，取得原価を10％と僅かながらも超える「有効価値」（effective value）を持っていると述べている。[37]取締役たちは，この提言を受入れた。議長 Carr Glyn の株主総会での報告は，次の通りである。

The Proprietors will recollect that in the last Half-yearly Account a sum

---

36) L. N. W., *Report and Accounts*, 31 December, 1847. Littleton and Yamey (ed.), *op. cit.*, p. 348. Pollins, *op. cit.*, Auditing, p. 22.

37) Huish, *On Deterioration of Railway Plant and Road : in Two Reports, to the Directors of the London and North Western Railway with Prefactory Remarks*, May 1849, pp. 24-25. これより先，Huish は市場価値とは稼働車輛の販売価値（value for sale），有効価値とは実際もしくは（real or）使用（to use）価値だと述べている（*Report of Special Committees*, 8th August, 1848, p. 72.）。

of £30,400 was deducted from the Company's profits, under the head of Depreciation of Stock. Further investigation into the condition and value of the Stock having convinced the Directors that this additional charge on the Revenue, to the 31st December last, was not at that date required, and would certainly not have been made had they then been as fully aware of its actual state as they now are, they have re-transferred the amount to the Reserved Fund. (以下5行省略)

	£	s.	d.
From the statement of the half-year's accounts, it will be seen that the net proceeds, after deducting £11,715, 4s., 11d. for replacement of Locomotive Engines and Carriages, is ………	491,272	3	4
To which must be added the Balance carried forward from last year, £50,321 10s., and £30,462 18s. deducted in error ………………	80,784	8	0
	572,056	11	4
And the Directors recommend a further allowance for renewal of Rails, in the last half-year ……	6,000	0	0
Making a disposable sum of ………………	£566,056	11	4

Out of this sum the Directors recommend a Dividend of £3. 10s. per Cent. for the six months, amounting to £521,717, 19s. 8d., and leaving a Balance of £44,338, 11s. 8d., to be carried to the next half-year's account.[38]

　Gourvish によると，この提言は車輌を市場価格によらず「有効価値」の側面から把えたところに近代的意味としての稼得力 (earning capacity) の概念を持ち込んだ，その意義を高く評価している[39]。しかし，有効価値とは交換価値を無視して，使用価値だというが，その本質はなにか，新製品の市場価格とどう異なるのかは明らかでない。Huish にとって強い影響力を持った L. N. W. の議長 Carr Glyn に，お雇い支配人として追従しなければならなかっ

---

38) *Fifth Half-Yearly General Meeting of the Court of Proprietors*, 11th August, 1848, p. 20.
39) Gourvish, *op. cit.*, Captain, p. 49.

たのであろう。思うに、1847年の恐慌によって収益は減少していたが、合併旧鉄道（Manchester and Birmingham 鉄道を除く）の維持していた配当率10％を継承するうえで £3, 10 s.（年換算7％）の配当を行なうためなんらかの操作をする必要があったからである。[40]

L. N. W. だけでなく他の鉄道においても、減価償却基金の設定について決定的処理を欠いた理由は、多分に The Companies Clauses Consolidation Act, 1845 の第122条の規定による。[41] 同条では、取締役たちが「もし適当だと思えば」（if they think fit）諸施設の拡張、修繕もしくは改良のための偶発事故（contingencies）に見合う適切な金額を留保（set aside）できるとある。[42] すなわち、減価償却基金の設定を取締役たちに強制したのでなく、自由な判断に委ねたのである。[43]

4 道床・レール

道床やレールの減価認識は、車輌とは異なる。車輌の修繕はその発生時に行なうか、漸次置き換えることによって組織的に更新することができる。[44] 道床は建設時に工事請負人との契約によって補修されるし、陳腐化があっても極めて徐々にか、均等に発生するから、その時に減価を計上すれば良いと考えられていた。[45] L. N. W. の1849年の軌道報告書は、Huish の指導によってなされたものであるが、道床を更新するのに必要な予定原価に見合う減価償却基金の留保が勧告されている。

---

40) 佐々木重人稿「19世紀中頃におけるロンドン・ノースウェスタン鉄道経営者の固定資産の会計観——Huish 報告書を中心として——」『専修商学論集』第41号、昭和61年、p. 169. 参照。
41) A. M. Sakolski, "Control of Railroad Accounts in Leading European Countries," *Quarterly Journal of Economics*, XXVI, 1910, p. 474.
42) Browne and Theobald, *op. cit.*, p. 121.
　　この法律および Select Committee on the Audit of Railway Accounts of 1849 は、鉄道会計に大きな影響を与えた。多くの会社は間もなく、「更新会計」（replacement accounting）と呼ばれるシステムを採用した。この方法はすべての修繕費および更新費をそれらが発生した期の収益にチャージするものである（Gourvish, *op. cit.*, Mark, p. 150.）。
43) 当時、鉄道の会計や減価償却を巡って、鉄道会計統一化（Uniformity of Railway Accounts）の気運が生じた。
44) L. N. W. は、Trevithick のデザインした Cornwall 号や Lady of the Lake 号を展示して人目をひいた。軽くて丈夫な波形鉄（corrugated iron）の導入による効果である。
45) Huish, *op. cit.*, Captain, p. 49.

第3章　Mark Huish, イギリス鉄道管理会計の先駆者　67

　レールはかつては約100年持つと考えられていたが，現実的な見積に従って耐用年数20年で基金を設定することとしている。かくて，統計による見積原価という人為的な方法が長期にわたって使用されることとなった。1853年になると，路線の延長，列車重量の増加，レール維持費の増大，使用レールの平均重量の増大，レール価格の上昇，レールの早期減耗などの要因もあって，収益から年々増加する更新基金（Renewal Fund）の設定が必要となった。[46] 旅客および貨物の精密な統計が使用され，他社との指数比較によって管理された。1853年，Huishと彼の助手 H. Woodhouse および Edward W. Watkin は，レール等の耐用年数について次の報告書を取締役会に提出している。

　「幹線の旧レール・軽レールおよび座鉄は，平均15年の耐用年数を示している。……多数の敷石は最初設置したまま健全である。……古いレールは使用によって消耗している。これら数マイルのものは不適切で使用を禁止している。

　……レールおよび座鉄は幹線では24時間，平均50列車，支線では24時間，平均18列車（運行するもの……筆者）として，少なくとも20年間耐用できることを希望する」[47] この提言を受け入れた L. N. W. の会計方法，すなわち，車輛修繕費の収益へのチャージや，1849年の道床更新基金（permanent way renewal fund）の設定は，他の多くの鉄道が追随している。[48]

　Huishは減価償却の本質についてなんら究明しようとはしていない。物質的磨損を避けるために諸施設の更新を念頭に置いているにすぎない。

5　Lardner および Marx への影響

　Huishの報告書（とくに1848年・1849年）は，Dionysius Lardner の有名な

---

46)　1849年8月の株主総会では，レール更新基金 £7,525 を純収入および繰越金の合計約 £588,687 から控除している。配当 £3 10d.（半期）を維持するのが目的であった（*Seventh Half-Yearly Meeting of the Court of Proprieters*, 17th August, 1849, p. 34.）。

47)　Huish and Others, *Report to the Permanent Way Committee, on the Renewal Fund*, April 1953, p. 6.

48)　London Brington and South Coast, South Eastern, Eastern Counties, Midland, York Newcastle and Berwick, および York and North Midland 鉄道（Gourvish, *op. cit.*, Mark, p. 150.）
　　1905年，Edward Smith ら L. N. W. の5人の監査人は，収益勘定に記入された諸項目について，「減価償却費を見積ることは，しばしば最も困難である」と報告している（Audit Committee, *Memorandum by the Auditors*, 8th December, 1905, p. 11.）。

表3-2 損益勘定（1846年6月30日～1847年12月31日に終わる年度）

London and North Western Company's Revenue Accounts, as submitted to the Shareholders.

ITEMS OF RECEIPTS AND PAYMENTS.	Taken from Half Yearly Account ending 30th June, 1846.	Taken from Half Yearly Account ending 31st Dec. 1846.	Taken from Half Yearly Account ending 30th June, 1847.	Taken from Half Yearly Account ending 31st Dec. 1847.
	£	£	£	£
Gr. To Receipts on Passenger's Traffic	611,616	672,659	600,240	652,392
,, do. Malis	……	……	……	21,443
,, do. Horses, Carriages, and Dogs	18,752	19,110	17,791	17,667
,, do. Parcels	44,828	55,680	52,358	56,050
,, do. Merchandise, (less paid for Collecting)	261,577	290,547	294,364	317,459
,, do. Live Stock	30,246	37,794	21,940	38,916
,, do. Coal	14,397	15,758	22,105	26,202
Total Traffic Receipts	*981,416	……	……	†1,130,129
,, do. for Interest on Cash Balances	10,352	7,657	11,575	14,517
,, do. Rents of Land and Buildings	10,501	11,588	10,318	6,234
,, do. Dividend from Lancaster and Carlisle	……	……	……	9,205
Totals	1,002,270	1,110,795	1,030,691	1,160,085
Dr. By Payments for Maintenance of Way	45,276	45,534	51,079	44,140
,, do. Locomotive Power	19,493	120,412	132,213	124,473
,, do. Police	15,018	16,428	18,023	19,313
,, do. Coach Traffic	74,864	77,899	81,987	88,273
,, do. Merchandise Traffic	65,545	62,060	74,560	78,594
,, do. Compensation and store Department	1,811	4,663	5,525	6,806
,, do. General Charges	21,980	9,256	20,333	16,338
,, do. Schools at Wolverton and Crewe	637	858	749	828
Total Working Charges, as per Company's Accounts	344,624	347,115	384,469	‡378,771
,, Rates and Taxes	21,426	25,504	26,669	30,297
,, Duty on Passengers	24,582	27,217	24,179	27,963
,, Interest on Loan	76,126	57,048	80,677	§75,199
,, Aylesbury Rent	583			
	467,341	456,884	515,994	512,230
Net Profit, as per Company's Account	534,929	653,911	514,697	647,855

* These receipts were, from Main Line, 288 — Aylesbury Branch, $7\frac{1}{4}$ — Northampton and Peterborough, $46\frac{1}{4}$ — and Warrington and Leamington, $8\frac{1}{4}$ — Total, $349\frac{1}{2}$ miles.

† The traffic was from (in addition to the $349\frac{1}{2}$ miles included in last note) Bedford and Bletchley, $15\frac{3}{4}$ miles — Macclesfield Branch, $9\frac{1}{4}$ miles — and the rented portion of the North Union, 23 miles — the Trent Vally was completed in June, but not worked till December — Total, $397\frac{1}{2}$ miles.

‡ As far as can be collected from Captain Gladstone's Return, it would take 390,000l. to have paid wages alone this half year. (See ante, page Note †.)

§ The Calls in advance, on which 5 per cent is paid, amounts to 186,160l. and the Debenture Debt to 8,605,574l. Total, 8,791,734l. (which, including Interest Stamps and Commission, must require an annual sum equal to five per cent on the whole,) and if one-third of the amount be credited as expended on the unproductive lines, namely, 1,189,449l. still one half year's interest on the remainder would amount to 190,059l.; instead of which, only 75,199l. is credited against revenue. It appears evident therefore, that sums are charged to *capital* which should have been charged against revenue. See Account IV.

(Arthur Smith, The Babble of Age; on The Fallacies of Railway Investment, Railway Accounts, and Railway Dividends, 1848, Appendix No. III.)

著書 *Railway Economy*, 1850 に影響を与えている。車輛の減価とレールの減価との相違，レールの耐用年数，列車のスピードが車輛の陳腐化に与える影響などである。[49]

Lardner の著書はまた，Karl Marx に影響を与えている。Marx は固定資本と流動資本を論じるに当たって，減価償却の本質に触れ，その実態分析を行なう資料として Lardner の該書を引用している。[50]

Ⅳ 管理の実態

1 株主資本利益率

Huish はお雇い支配人として常に取締役たちに従わねばならず，利益や配当率に関心を払わねばならなかった。そのため彼の簿記知識が役立った。L. N. W. では1840年代の中頃からマージンは少なくなり，株主資本利益率（percentage rate of return on capital）も減少していた。（表3-2）は1846-1847年度の損益勘定，（表3-3）は1849年上半期の配当計算書，（表3-4）は1846-1851年に至る推定株主資本純利益率を示したものである。[51]

2 資本収支計算書

Huish の会計的技量を示す L. N. W. の初期の財務諸表は，合本資本計算書（Statement of the Joint Stock Capital），資本収支計算書（Statement of Capital Account），社債勘定計算書（Statement of Debenture Account），損益計算書（Statement of the Revenue Account），および一般貸借対照表（General Balance Sheet）である。別に配当計算書（Dividend）が付されている。いずれも取締役会の要請である「収益の増大と原価の削減」に応えるため

---

49) Lardner, *Railway Economy*, 1850, pp. 38-44, 84-100, 106-112. 詳細は中村萬次稿「Lardner の減価償却論」『会計』第81巻第6号，昭和37年6月，中村萬次『英米鉄道会計史研究』同文舘出版，平成3年，所収。

50) Karl Marx, *Das Kapital*, Vol. II (Berlin, 1961), S. 164, 173, 175-177. 詳細は中村萬次『減価償却政策』中央経済社，昭和35年，第4章。

51) 1847-1850年における主要鉄道17社の平均配当率は，6.3%，5.3%，3.4%および3.3%であった（M. Slaughter, *Railway Intelligence*, (Ⅵ), 1852, p. 55.）。

第3章 Mark Huish, イギリス鉄道管理会計の先駆者　71

表3-3　配　当
London and North Western Railway
1849年6月30日に終わる半期に対する提案

	£	s.	d.	£	s.	d.
連結株式£14,490,977,年間7％に対し。				507,184	3	11
L. & B. 株式65,061, £20 株, 7％。	0	14	0			
差引利息 5％。 £18につき未払	0	9	0			
	0	5	0	16,265	5	0
G.J. 株式8,659, £40 株。7％。	1	8	0			
差引利息 5％。 £10につき未払	0	5	0			
	1	3	0	9,957	17	0
M. & B. 株式70,000£10C. Sh. 7％。	0	7	0			
差引利息 5％。 £9につき未払	0	4	6			
	0	2	6	8,750	0	0
L. & N.W. 株式 £25 Sh. 4％	0	2	$9\frac{1}{2}$	23,503	14	9
				£565,661	0	8

(London and North Western Railway, *Seventh Half-Yearly Central Meeting of the Court of Proprietors*, 17th August, 1849, p.40.)

表3-4　推定株主資本純利益率
London and North Western RailWay. (1846-1851年)

	A 正味運輸収入	1 払込株金	$\frac{1}{A}\%$	2 開通路線投下資本	$\frac{2}{A}\%$	3 子会社を含む投下資本	$\frac{3}{A}\%$	4 投下資本合計	$\frac{4}{A}\%$
1846-7	£1,370,773	£12,167,539	11.26	£13,951,224	9.83	—	—	£20,010,466	6.85
1847-8	1,388,864	14,044,574	9.89	18,145,624	7.65	£21,244,057	6.54	22,835,120	6.08
1848-9	1,407,531	16,446,817	8.56	18,599,162	7.57	—	—	—	—
1849-50	1,480,972	18,561,069	7.98	22,504,818	6.58	25,457,808	5.82	28,699,566	5.16
1850-1	1,579,087	19,470,615	8.11	24,531,640	6.44	28,637,154	5.51	29,291,814	5.39
	B 純利益	1	$\frac{1}{B}\%$	2	$\frac{2}{B}\%$	3	$\frac{3}{B}\%$	4	$\frac{4}{B}\%$
1846-7	£1,168,607	上記	9.60	上記	8.38	上記	—	上記	5.84
1847-8	1,092,664*		7.78		6.02		5.14		4.79
1848-9	1,095,621*		6.66		5.89		—		—
1849-50	1,034,465*		5.57		4.60		4.06		3.60
1850-1	1,035,078*		5.31		4.22		3.61		3.53

コラム1　借入金は含まない，コラム2　子会社支出は除外，コラム3　見積。
コラム4　非生産的支出の若干を含む。資本合計は各年度末。
＊レールへの支出を含む。

(Gourvish, *op. cit.*, Mark, p.159. AおよびBの分数表示は分子と分母が逆であるが，ここでは，原文通りとした。)

表3-5 資本

London and North Western
STATEMENT of the
30th June, 1848.

借　方

	至1847年12月31日			至1848年6月30日			6月30日合計		
	£	s.	d.	£	s.	d.	£	s.	d.
土地および構築物（停車場・トンネル・橋梁・波止場・倉庫）および附随するストック…………	15,847,597	15	3	342,428	18	6	16,190,026	13	9
輸送用車輛…機関車・客車・貨車その他………	1,493,363	1	8	181,297	9	0	1,674,660	10	8
会社の不動産…賃貸料を生ずる土地および建物	235,314	15	0	1,264	1	10	236,578	16	10
輸送のために営業している幹線および支線の合計	17,576,275	11	11	524,990	9	4	18,101,266	1	3
当社が利害関係を持つ営業路線：									
West London ……………………………	48,334	19	6	…			48,334	19	6
Lancaster and Carlisle ………………………	477,341	8	6	…			454,373	17	3
Caledonian ………………………………	168,219	1	6	23,433	17	2	191,652	18	8
当社の未完成支線：									
Rugby and Stamford ………………………	313,214	14	7	86,989	8	6	400,204	3	1
Rugby and Leamington ……………………	240,215	13	6	74,704	6	2	314,919	19	8
Birmingham への延長線 …………………	188,690	6	6	42,501	8	1	231,191	14	7
Liverpool への延長線 ……………………	374,099	15	6	61,093	13	4	435,193	8	10
Birmingham and Lichfield …………………	36,912	11	6	986	4	9	37,898	16	3
Coventry and Nuneaton ……………………	2,982	6	9	79,572	3	0	82,554	9	9
Coventry, Nuneaton, and Leicester …………	86,702	8	3	23,031	13	5	109,734	1	8
Ashton 支線 ………………………………	82,349	17	0	13,491	10	8	95,841	7	8
当社が利害関係を持つ未完成路線：									
Birmingham, Wolverhampton, and Stour Valley	124,019	3	10	71,063	14	5	195,082	18	3
Buckinghamshire …………………………	15,000	0	0	54,428	0	0	69,428	0	0
Shropshire Union …………………………	101,732	11	11	…			101,732	11	11
Northern Counties Union …………………	10,351	17	0	125	8	2	10,477	5	2
Manchester and Junction …………………	181,806	9	11	24,274	7	3	206,080	17	2
South Staffordshire ………………………	41,305	17	10	27,123	15	11	68,429	13	9
Leeds, Dewsbury, and Manchester …………	5,149	9	6	21,000	0	0	26,149	9	6
East and West India Docks ………………	121,173	2	11	40,000	0	0	161,173	2	11
Manchester and Buxton ……………………	31,138	14	9	955	9	6	32,094	4	3
Chester and Holyhead ……………………	1,161,645	16	8	142,550	0	0	1,304,195	16	8
Huddersfield and Manchester ……………	…			9,000	0	0	9,000	0	0
一支線 ……………………………………	124,691	16	1	23,418	5	5	1,480,110	1	6
支線合計 …………………………………	…			1,344,733	15	1			
差引，Lancaster and Carlisle 線戻し ………	…			22,967	11	3			
	21,513,353	15	5	1,321,766	3	10	22,835,119	19	3
残高 ………………………………………	…			…			396,125	11	7
						£	23,231,245	10	10

＊　イングランドの内乱とアイルランドの反乱の時代にイングランドの議会はこれを鎮圧するための士官および兵士め支給した債務証書が Debenture であった。この制度は1644年1月に議会を通過した条例に始まるといわれている。
（William Petty, The Poltical Anatomy Ireland…, 1961, p.21.

収支計算書

Railway.（1848年6月30日）
CAPITAL ACCOUNT

貸　方

	至1847年12月31日			至1848年6月30日			6月30日合計		
	£	s.	d.	£	s.	d.	£	s.	d.
連結株式	1,789,190	12	4	527,015	5	4	12,316,205	17	8
20ポンド株　Lon. & Birming	136,956	14	0	2	7	7	136,959	1	7
40ポンド株　Grand Junction	173,342	8	5	47,589	10	8	220,931	19	1
10ポンドA株　Manchr. & Birm	200,316	8	11	18,426	6	4	218,742	15	3
10ポンドB株　　同	396,986	9	6	40,787	11	9	437,774	1	3
10ポンドC株　　同	68,021	0	0	…			68,021	0	0
25ポンド株　新株	326,253	18	10	47,604	16	0	373,858	14	10
13ポンド株　Coventry & Nun	…			73,121	12	0	73,121	12	0
	13,091,067	12	0	754,547	9	8	13,845,615	1	8
前受コール	186,160	3	4	12,798	10	0	198,958	13	4
社債（*Debenture）借入	8,605,574	0	0	581,097	15	10	9,186,671	15	10
	21,882,801	15	4	1,348,443	15	6	23,231,245	10	10
						£	23,231,245	10	10

の給与を現金で支払いきることができなかった。そこで給与の支払を戦後に行うことを約束することとなり、そのた

松川七郎訳『アイルランドの政治的解剖』岩波文庫, 1951年, p.82.)

のものである。[52]貸借対照表および損益計算書は別に記述したので，ここでは1848年6月30日に終わる年度の資本収支計算書を掲記するにとどめる。

なお，1849年6月30日に終わる資本収支計算書の付属明細書として次の諸項目を掲載し，監査人2名の署名がなされている。[53]

A．幹線・支線への支出内訳表

B．稼働車輌への支出内訳表

　B1．稼働車輌走行マイル表

　B2．機関車・客車・貨車内訳表

C．土地・建物の財産権

D．支線内訳表

E．未完成線内訳表

収益勘定関連諸費用の内訳

　F．線路等の維持費

　G．動力費

　H．客車費

　I．（脱落）

　J．警備費

K．貨物運輸費

L．一般費（表3-6）

M．借入金利息

N．貯蔵品

O．レール更新勘定（表3-7）

これら付属表をいちいち表示する紙面もないので，以上のうち例示として，注記L．および同O．を示しておく。

当時，株主への報告は，配当原資を開示するのが目的で，その手段として付属明細書にみられるように，管理のための報告書を株主総会に提示していた。

---

52) Gourvish, *op. cit.*, Mark, p. 234.

53) *Seventh Half-Yearly General Meeting of the Court of Proprietors*, 17th August, 1849, pp. 38-40.

表 3-6 一 般 費
(General Charges.)

(注記 L.)

	£	s.	d.	£	s.	d.
管理費 (direction)				1,798	16	0
事務所費, 例：—						
書記, 乗り換え, 現金部門等の設置	3,090	0	7			
監査および会計部門の設置	2,488	5	6			
総支配人および運輸監督部門の設置	2,343	2	11			
郵便料金	327	10	0			
事務費および印刷費	941	5	1	9,190	4	1
精算所費				1,563	18	9
広告費および回状費 (Circulars)				410	13	10
旅費				583	7	11
配当切手代				473	0	0
諸経費, 区分できないもの, 例：— 病院への寄付および貢献, および病気基金, 退職引当等				1,745	14	10
				£15,765	15	5

表 3-7 レール更新勘定
(Renewal of Rail Account.)

(注記 O.)

借　方　　　　　　　　　　　　　　　　　　　　　　　　　貸　方

	£	s.	d.		£	s.	d.
昨年12月31日計算書による, 支出	26,250	0	0	昨年12月31日計算書による, 純収益よりの留保額	26,250	0	0
同, 6月30日	16,451	8	4	同, 6月30日	7,000	0	0
				1月1日より6月30日までの6ヵ月4％の利息, £26,250に対し	525	0	0
				残高	8,926	8	4
	£42,701	8	4		£42,701	8	4

すなわち，こんにちでいう財務会計と管理会計とは統合され，両者は未分化の状態であった。

3 管理組織

L. N. W. の取締役会は，合併前の鉄道会社の取締役たちによって構成されていたので，London and Birmingham 鉄道の取締役たちの影響力が強かった。彼らは地主たちの利益を代弁して路線の拡張を重視し，高率配当を要求する一般株主と対立していた。取締役会は，人事・財務・会計・企画部門を掌握し，意思決定を行なっていた。[54]

総支配人 Huish は，1846年10月以降，すべての路線の管理権限を持っていたので，特定範囲までは取締役会の地方委員会を指揮することができた。Huish の管理部門を示すと図3-4の通りである。1855年の改編においても，書記2名，旅客および車輌監督各2名，貨物支配人4名を指揮していた。彼は運輸活動全体を調整していたので取締役会では重視されていた。Huish の管理手段の一例として，旅客列車および貨物列車の石炭および動力消費原価の地域別比較表を示すと表3-8の通りである。

4 原価計算・統計・労務・テクノロジー

Huish が管理上関心を持ったのは，巨大化する鉄道の組織および会計だけではない。原価計算・統計および各種の技術に及んでいる。その目的は，科学的経営による原価の削減であった。

L. N. W. のような巨大な鉄道では運賃原価が収益力に重圧をかけるので，原価計算法を改良することがとくに重要であった。[55] 先例もなかったので，彼はこの圧力をはね返すために，実地調査による統計資料を利用した。R. E. Edwards は「巨大化した企業にまでなった鉄道では，――結合原価（joint costs），諸過程の統合（integrated processes），減価償却・陳腐化，増大する固定投資，

---

54) L. N. W. の管理組織については，Gourvish, *op. cit.*, Mark, pp. 109-116. 湯沢　威，前掲書，第6章．

55) Turner, *op. cit.*, p. 22.

第3章 Mark Huish, イギリス鉄道管理会計の先駆者　77

図3-4　Huishの管理部門（L. N. W. 1848年）

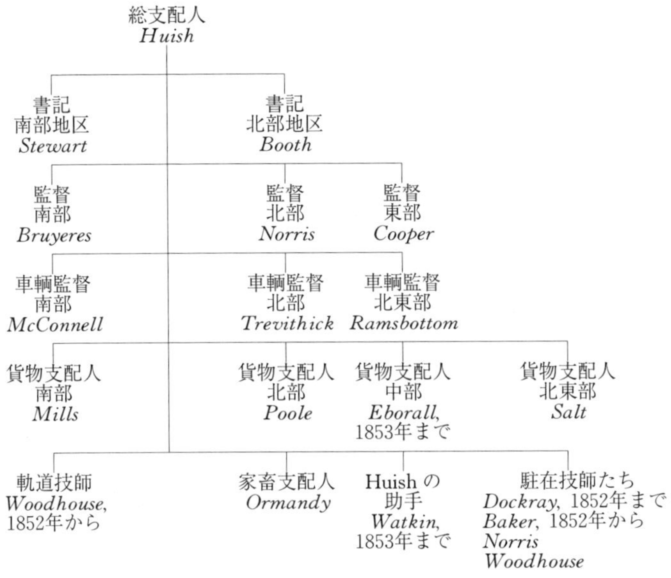

```
                    総支配人
                     Huish
         ┌─────────────┴─────────────┐
       書記                        書記
      南部地区                     北部地区
      Stewart                     Booth
         │              ┌────────────┼────────────┐
        監督           監督          監督
        南部           北部          東部
      Bruyeres        Norris        Cooper
         │              │             │
      車輌監督       車輌監督      車輌監督
        南部           北部         北東部
     McConnell      Trevithick    Ramsbottom
         │              │             │             │
      貨物支配人    貨物支配人    貨物支配人    貨物支配人
        南部           北部          中部         北東部
       Mills          Poole        Eborall,       Salt
                                   1853年まで
         │              │             │             │
      軌道技師      家畜支配人     Huishの      駐在技師たち
     Woodhouse,     Ormandy        助手        Dockray, 1852年まで
     1852年から                    Watkin,      Baker, 1852年から
                                  1853年まで     Norris
                                                Woodhouse
```

（T. R. Gourvish, *Mark Huish and the London & North Western Railway*, 1972, p. 172.）

表3-8　石炭および車輌原価, 旅客および貨物列車（1847-1850年）
Coke and Locomotive Costs, Passenger and Goods Trains.

6カ月期末	地区	旅客列車 マイル当たり 石炭原価	動力原価	貨物列車 マイル当たり 石炭原価	動力原価
1847年11月30日	南　部	5.30d.	12.22d.	7.41d.	15.56d.
1848年11月30日	〃	4.36	12.68	6.12	15.05
1849年5月31日	〃	4.09	10.96	5.60	11.97
1850年5月31日	〃	3.56	9.16	4.87	11.83
1847年11月30日	北　部	2.30	7.22	3.90	11.07
1848年11月30日	〃	2.49	7.63	4.06	11.01
1849年5月31日	〃	2.34	7.33	4.08	10.07
1850年5月31日	〃	2.15	6.71	3.67	9.66

（Gourvish, *Mark Huish and the London & North Western Railway*, 1972. p. 138.）

および拡大された組織の統制——などの諸課題の存在」[56]を指摘している。

これらの課題に対処するために，L. N. W. は，総支配人としてHuishを雇傭したので，彼は取締役の意思決定を支援するために統計の価値に関心を払った。初期に用いたのは，列車走行マイル，旅客マイル，および貨物のトン・マイル数（ton-mile figures）であった。数値の正確性については社会的批判もあったが，L. N. W. は貨物輸送で損失を蒙ったので，Huishはこの部門の原価の測定を組織しようと主張した。1850年代になると，George Moon ら若干の取締役は，作業原価の極小化，およびさらに資本的支出の抑制を要請し，原価意識（cost-conciousness）の徹底を要請するに至った。それ以来，会社の規模は拡大し，営業範囲は急速に増加した。[57] Huish の旅客および貨物の運輸報告書は，経営改善を刺激し，営業状態をも変えることとなった。サービスと運賃をどのように決めるかが厳密に検討された。1850年以降の報告書においては，幹線および支線の各駅での旅客収入の計算を連続年にわたって表示し，運賃管理に資している。表3-9は1854年度および1855年度における旅客運賃収入比較表，表3-10は1855年に至る過去3年間の旅客および貨物の収入および機関車の消費燃料の比較表である。

減価償却費の計算においては，対象固定資産の地区別，本・支線別，種類別に分類し，それらの特質に応じて使用の状態，技術の進歩，取得原価，および重量別等を詳細に分析して議長宛に報告している。[58]

Huishが多角化組織（diversified organization）を統制するために行った調査統計作業は，極めて科学的・合理的であった。他の鉄道もこれを見習ったので，他鉄道との能率比較が可能となった。

Huishは労務管理にも深い関心を持っていた。彼はかつて Glasgow, Paisley and Greenock 鉄道において従業員募集のプログラムを組織したこともあり，Grand Junction 鉄道では作業規則，怠慢による過失・解雇・交替に関する労

---

56) R. S. Edwards, "Some Notes on the Early Literature and Development of Cost Accounting in Great Britain," *The Accountant*, XCVII, 1937, p. 193.
57) Gourvish, *op. cit.*, Captain, p. 52.
58) Huish, *Report to the Permanent Way Committee, on the Renewal Fund*, April, 1853, pp. 30-40.

第3章 Mark Huish, イギリス鉄道管理会計の先駆者　79

表3-9　旅客運賃収入比較表（1854年・1855年）

COMPARATIVE STATEMENT of PASSENGER RECEIPTS at the undermentioned Stations, for the first Six Months in the Years 1854 and 1855.

	STATIONS.	1854. No.	1854. Amount. £	1855. No.	1855. Amount. £	Increase. No.	Increase. Amount. £	Decrease. No.	Decrease. Amount. £
Main Line — Southern Division.	London	214,369	159,875	210,483	154,682	…	…	3,886	5,193
	Kilburn	11,704	1,001	11,307	940	…	…	397	61
	Harrow	12,796	1,378	12,328	1,336	…	…	468	42
	Watford	23,591	3,445	21,076	3,291	…	…	2,515	154
	Boxmoor	12,133	1,793	11,895	1,641	…	…	238	152
	Berkhampstead	8,569	1,205	7,716	1,025	…	…	853	180
	Tring	9,456	1,804	8,396	1,435	…	…	1,060	369
	Cheddington	4,414	280	4,010	287	…	7	404	…
	Aylesbury	9,728	1,948	9,773	1,793	45	…	…	155
	Leighton	16,010	2,516	15,558	2,336	…	…	452	180
	Bletchley	12,344	1,987	12,562	2,120	218	133	…	…
	Woburn	3,782	697	3,809	620	27	…	…	77
	Bedford	12,835	2,998	13,363	2,991	528	…	…	7
	Wolverton	12,742	2,700	12,639	2,540	…	…	103	160
	Blisworth	18,328	1,778	17,656	1,732	…	…	672	46
	Weedon	18,636	2,951	16,892	2,759	…	…	1,744	192
	Rugby	49,048	11,407	47,097	10,971	…	…	1,951	436
	Coventry	64,868	7,625	72,177	7,147	7,309	…	…	478
	Kenilworth	16,875	917	16,259	895	…	…	616	22
	Leamington-Mllv'tn	20,532	2,776	14,424	1,984	…	…	6,108	792
	Do.— Aven.	20,676	2,900	23,456	3,309	2,780	409	…	…
	Birmingham	222,774	44,850	217,534	39,281	…	…	5,240	5,569
						10,907	549	26,707	14,265
Grand Junction.	Wolverhampton	89,744	13,137	84,810	9,792	…	…	4,934	3,345
	Willenhall	11,348	674	15,605	470	4,257	…	…	204
	Bercot	2,117	375	497	37	…	…	1,620	338
	Stafford	45,797	6,652	46,377	6,808	580	156	…	…
	Whitmore	3,222	850	3,168	742	…	…	54	108
	Crewe	38,737	7,381	35,375	6,825	…	…	3,362	556
	Hartford	9,224	1,678	9,105	1,549	…	…	119	129
	Warrington	40,146	4,469	41,026	5,053	880	584	…	…
	Liverpool G. J.	59,261	40,848	55,212	43,430	…	2,582	4,049	…
						5,717	3,322	14,138	4,680
N'hamptn. & P'terbro' Branch.	Northampton	59,454	7,912	59,141	7,610	…	…	1,313	293
	Wellingboro'	16,185	1,842	16,709	1,930	524	88	…	…
	Thrapstone	7,492	990	6,986	913	…	…	506	77
	Oundle	8,227	1,134	8,071	1,070	…	…	156	64
	Peterboro'	11,990	2,672	12,114	2,346	124	…	…	326
						648	88	1,975	760

（Huish, *Report to the Chairman and Directors of the London and North Western Railway, of the Trafic for the Half-Year Ending, 30th June, 1855*, August, 1855, p.4.）

表3-10 旅客・貨物収入対機関車消費燃料比較表（1853-1855年）

RECEIPTS, and COST of LOCOMOTIVE POWER, of Passenger and of Goods Traffic, for the last Three Years, on the London and North Western Railway.

Year ending	Train Miles run.	PASSENGER.					
^	^	Receipts.		Expense of Loco. Power.		
^	^	Total.	per Mile.	Total.	per Mile.	per Centage on Receipt.
		£	s.　d.	£	d.	
30th June, 1853 ………	4,311,786	1,456,307	6　9	148,956	8.29	10.2
30th June, 1854 ………	4,548,855	1,482,619	6　$6\frac{1}{4}$	163,615	8.10	10.4
30th June, 1835 ………	4,528,316	1,468,931	6　$5\frac{3}{4}$	162,437	8.60	11.0

Year ending	Train Miles run.	GOODS.					
^	^	Receipts.		Expense of Loco. Power.		
^	^	Total.	per Mile.	Total.	per Mile.	per Centage on Receipt.
		£	s.　d.	£	d.	
30th June, 1853 ………	3,406,463	1,085,630	*6　$4\frac{1}{2}$	159,618	11.24	14.7
30th June, 1854 ………	3,856,517	1,243,707	*6　$5\frac{1}{2}$	196,904	12.25	15.8
30th June, 1855 ………	4,090,868	1,352,456	*6　$7\frac{1}{4}$	227,982	13.37	16.8

*After deduction of Cartages and Agent's charges.

(Ibid., p.18.)

務問題にも取組み，募集・解雇・昇進等の実務に精通していた。1853年，L. N. W. は，退職年金基金協会（London and North-Western Superannuation Fund Association）を導入した。[59] それは現場監督および有給職員を会員とし，会員は給料の2.5%，会社は同額を拠出して基金を設定するもので，会員が60歳で引退する時退職年金を受取るものである。なお会員が10年間協会に基金を拠出し，死亡した場合は指名人に対し年金を引当てるものである。[60]

Huishはテクノロジーの分野にも能力を発揮している。1852年には，株主の主張であった安全システムを受け入れて，作業規定の適正化，電信の利用を提案している。1855年，Edwin Clarke の発明した2マイル電信システム（two-mile telegraph system）を交通の渋滞していたLondon-Rugby線に導入した。

---

59) Gourvish, op. cit., Captain, pp.95-96.
60) Wilfred L. Steel, The History of the London and North Western Railway, 1914, p.197.

第3章 Mark Huish, イギリス鉄道管理会計の先駆者　81

それまでの通信は，粗雑な状態で至る処で混乱があり，旅行も危険であった。電信の導入によって，列車の暴走や衝突が少なくなった。同鉄道はかつて1835年，レールの結合を可能とする継ぎ目板（fish plates）を採用している。かくて業績は順調となり，1855年度の収益£2,892,433，支出£1,116,907，配当率5％を維持した。[61]

Huish の取締役会からの運輸経営に必要な委託事項は，補助的なものも含めて多岐にわたっていた。たとえば，鉄道精算所（Railway Clearing House）における会社間討議の支援，スタッフの指導，および広報などである。駅での本売場および新聞の販売について郵政局と交渉したり，貨物の集配について運輸代理店 Chaplin & Co., Pickford & Co. と協約を結んだりした。[62] 彼はまた鉄道経営政策について意見を交換する重要なチャネルとなるために，鉄道精算所に貨物支配人会議（Goods Managers' Conferences）および総支配人会議（General Managers' Conferences）を始める提言をした。

5　運輸協定・プーリング

1850年代における Huish の運輸経営の中核は価格政策にあった。他鉄道とくにロンドンを起点とし北方ルートを持つ Great Northern 鉄道，並行線で多くの諸鉄道と接続している Midland 鉄道との競争を排除して独占利潤を得るためであった。第1の対策は「同盟」（Confederate）と呼ばれる運輸協定である。それは「盟友会社」（friendly companies）（Midland 鉄道，Lancashire and Yorkshire 鉄道および Manchester Sheffield and Lincolnshire 鉄道を含む）相互間に密約を結び，主として Euston ルートの利益のために，運輸と運賃を規定したものである。第2の対策は，プーリング（pooling）協定である。L. N. W. 鉄道が主な協定者で，一定のルート間および特定会社間の運輸量をプールして，協定した一定の運賃比で配分する方法である。[63] その他各種の運輸協定を結んだが，1858年，Manchester, Sheffield and Lincolnshire 鉄道（総支配人

61）　*Ibid.*, pp. 201-202. Gourvish, *op. cit.*, Mark, p. 238.
62）　Turner, *op. cit.*, p. 21. 鉄道精算所については Philip Bagwell, *The Railway Clearing House in the British Economy 1842-1922*, 1968.
63）　Gourvish, *op. cit.*, Mark, p. 202.

はHuishのかつての助手Watkin）が，L. N. W.に敵対していたGrand Northern鉄道と同盟協定を結ぶこととなり，Huishの価格政策は失敗した。鉄道精算所会議で彼を支持するものはなくなった（no-one supports）[64]。Gourvish は Huish の外交的手腕を認めているが，Hamilton Ellis は「ずるさから残忍さまでを混じえた強力な策略によってその地位を得た」[65] と Huish を批判している。

V 退　職

1857年の恐慌の影響もあって，L. N. W.の1857-1858年度の純利益指数は87.8％（1846—1847年度＝100）に低下した。営業費比率は1851年度の34.2％から1858年には43.5％と上昇（利益率は減少）した。取締役たちは，増え続ける労務費と平均賃金に関心を持つに至った。彼らは大地主の要求を入れて路線拡張政策を採りながら，支配の利潤を求めて，低配当政策と経費削減によって，支出を抑制しようとした。そのために賃金のスケールおよび労務費の諸項目を改訂しようとした。Huishは運輸の取扱量を無視する無差別的な賃金政策に懐疑的であった。彼は熟練労働に対して能率主義による高賃金政策（high wage policy）を主張した[66]。さらに盟友会社の支配人たちは，Huishの粘り強い外交をひどく嫌がり，彼の能率主義は他社の支配人からも無視された。鉄道間相互の運賃戦争（rate war）は激しくなり，協約は守られなくなった。彼は孤立していた。1858年11月，Huishは総支配人の地位を辞退した[67]。それ以降会社への政策的関与は行なっていない。些細な事項について会社に呼ばれたが，1861年から議長となった取締役 Richard Moon，C. R. Moorsom および Edward Tootal の反対，Carr Glyn の黙認によって復職は実現しなかった。Huish は

---

64) *Ibid.*, p. 54.
65) Hamilton Ellis, *British Railway History, 1830-1876*, VoL. I, p. 182. 湯沢，前掲書，p. 233. Turnerによると，Huishはビジネスでは過酷な行動をとるが，私生活では親切な紳士で，友人には温かく，貧しい人びとには道徳的かつ物質的援助を考えていたと述べている（Turner, *op. cit.*, p. 19.）。
66) Gourvish, *op. cit.*, Mark, p. 242.
67) *Ibid.*, p. 254.

L. N. W. 退職後,小鉄道 Isle of Wight の取締役(1861—1866年)となり,次いで非鉄道会社 Clifton Suspension Bridge および Electric and International Telegraph 2 社の議長となった。その後 Huish は1867年 1 月18日死去した。享年58歳。[68]

Ⅵ 結 語

　以上,本稿は L. N. W. の総支配人 Captain Mark Huish が専門経営者として果たした先駆的業績を叙述した。彼は巨大化したイギリス鉄道の財務および管理上の諸課題すなわち,管理会計・原価計算・組織・統計からテクノロジーに至る未到の分野に斧鉞を加え,科学的視野に立って取締役会の意思決定に必要な情報を提供した功績を認めねばならない。彼の残した資料は他の諸鉄道だけでなく Lardner や Marx にまで利用されているのは称賛に値する。しかし,彼の記述には疑念があり,全的な賛辞を送るわけにはいかない。

　Huish を鉄道管理会計のパイオニアとして認めているのは Gourvish のほか John H. Wilson (*British Business History, 1720-1994*, 1995.) もいる。では Henry Booth (1789-1869) はどうであろうか。Henry はリバプールの穀物商人 Thomas の弟で,1826年 5 月 5 日,Liverpool and Manchester 鉄道の書記兼トレジャラーとなり,同鉄道の経営を主掌した。George および Robert Stephenson と親交があり,蒸気機関車の改良に協力した。1830年 7 月,*An Account of the Liverpool and Manchester Railway* を著述し,財務および工学的報告書を提示し取締役の意思決定に供した。Liverpool and Manchester 鉄道と Grand Junction 鉄道等とが L. N. W. を設立すると同鉄道の共同書記となり,北部地区を担当し(図3-4),1848年から1859年まで12年間,取締役と

---

68) *Ibid.*, pp. 55-56. Huish の退職について,Turner らは減配による一般株主の不満があったと次の見解を述べている。「1846年 8 月,議長 Carr Glyn は,株主たちに会社の財産の価値の減少可能性を警告した。1847年 2 月,配当は1846年の半分に減少すると宣言した。それは1851年まで続いた。株主の不平が続出した」(Turner, *op. cit.*, pp. 31-33.) Richard Moon が取締役となり,他の 2 人の取締役とともに全組織の再検討を行い積極的に行動した。改革のプログラムが完成し,Huish は退職させられた。代わって William Cawkwell が Lancashire and Yorkshire 鉄道から総支配人となった。

なり，1869年3月死去した。Huish の慰労金は月俸18ヵ月と終身パスであったが，彼は退任前に金貨5,000ギニーを贈られている。Gourvish は Booth について一言も触れていないが，Robert E. Carlson（*The Liverpool and Manchester Railway Project, 1821-1831*, 1969.）および Thomas J. Domaghy（*Liverpool and Manchester Railway Operations, 1831-1845*, 1972.）には多くの記述がなされている。Booth と同時代には James Walker がいる。彼は Booth の著述より1年前，1829年に取締役たち宛に精緻な見積原価比較を論じた報告書（*Liverpool and Manchester Railway Report to the Directors on the Comparative Merits of Loco-Motive and Fixed Engines, As a Moving-power*, 1829.）がある。George King は Birmingham and Gloucester 鉄道および Chester and Holyhead 鉄道の書記として鉄道業務に13―14年の経験を持ち，各種の公聴会に提言し，自説を叙述した著書 *A Few Remarks Elucidatory and Suggestive on the Subject of Railway Economy…*, 1849. がある。その他諸統計を資料として論理を展開した Arthur Smith（*The Bubble of the Age …*, 1848.），S. Smiles（*Railway Property: Its Condition and Prospects*, 1849.）の等を挙げておく。Huish は資本主義的鉄道管理会計の先駆者のひとりというべきであろう。

　Huish は減価償却の本質を検討していない。ただ政策的方法に終始して，環境に照応して左顧右眄している。彼の主張する「有効価値」は物理的使用価値であり，経済的価値認識を欠いたローマン・ルフチ効果と同列の批判を免れないであろう。Huish の株主への報告は，基本的に Booth の採った Liverpool and Manchester 鉄道のそれを継承したものにすぎない。彼の管理会計にみる実証的・統計的手法は，資本主義的合理性に依拠したものであることはいうまでもなかろう。

　　＊本稿で使用した一次資料は，主として当時滞英中の梅村　勲教授の御厚意によるものである。記して謝意を表します。

第4章 Jay Gould, 鉄道スペキュレーター

I 序

　Jay Gould (May 27, 1836-December 2, 1892) は，ウォール街のメフィストフェレス "Mephistopheles of Wall Street" と呼ばれ，平気で人を裏切り，嘘もつき，臆病で卑劣な虫けら，と罵声を浴びせられた19世紀80年代のスペキュレーターである。Gould が取締役となり社長となって関係した会社は（表4-1）の通りである。その数23社に及ぶ。それ以外に傀儡を使って間接的支配を行った会社も少なくない。彼はその後，長期の病を得，56歳で死去した。遺産は $100,000,000 といわれている。
　Gould がスペキュレーターとして活躍した1870年代および1880年代の初めは，鉄道株を巡って，ウォール街の相場師たちが乱舞したアメリカ資本主義の独占形成期である。株式や社債として投下された鉄道資本は，一方において擬制資本としてウォール街を踊らしたが，他方において実体資本の鉄道への集中は，小鉄道をプール化し，独占化する初期の段階として機能した。C. F. Adams, Jr. は「鉄道独占と株式の水増しを鉄道システム発達の二大特徴」として捉えている[1]。その機能の一端を果たしたのが Gould である。以下，Gould の人間像と彼の企業観について叙述する。

---

1) Charles F. Adams, Jr. and Henry Adams, *Chapters of Erie and Other Essays*, 1871, Reprints of Economic Classics, 1967, p. 380.

表 4-1　Jay Gould の支配した主な会社

取締役, Erie Railroad (1867-1872), 社長 (1868-1872).
取締役, Union Pacific Railroad (1874-1884, 1890-1892).
取締役, Kansas Pacific Railroad (1875-1880).
取締役, Chicago and Northwestern Railroad (1878-1884).
取締役, Chicago, Rock Island and Pacific Railroad (1878-1884).
取締役, Wabash Railroad (1879-1884), 社長 (1881-1884).
取締役, Hannibal and St. Joseph Railroad (1879-1881).
社長兼取締役, Missouri Pacific Railroad (1880-1892).
取締役, St. Louis, Iron Mountain and Southern Railroad (1881-1892), 社長 (1882-1892).
社長兼取締役, Missouri, Kansas and Texas Railroad (1880-1888).
取締役, Texas and Pacific Railroad (1880-1892), 社長 (1880-1887, 1890-1892).
取締役, International and Great Northern Railroad (1881-1892), 社長 (1882-1892).
取締役, Delaware Lackawanna and Western Railroad (1881-1889).
取締役, New York and New England Railroad (1881-1884).
取締役, New York. Lackawanna and Western Railrod (1881-1883).
取締役, Louisville and Nashville Railroad (1883-1884).
取締役, Richmond and West Point Terminal Railway and Warehouse Company (1890-1892).
取締役, Atlantic and Pacific Telegraph (1875-1877).
取締役, American Union Telegraph (1879-1881).
取締役, Western Union Telegraph (1881-1892).
社長兼取締役, Manhattan Elevated (1881-1892).
取締役, New York Elevated (1881-1890).
社長, 　Metropolitan Elevated (1885-1892).

II　経　歴

1　出　生

　Jay Gould は, 1836年5月27日, ニューヨーク州, Delaware County, Roxbury で生まれた。[2] Gould 家はイギリスの Bury Edmund から Connecticut への移民であった。1806年, Gold 姓から Gould に変更した。しばしばユダヤ系の血が混ざっているといわれていた。祖父 Captain Abraham Gold が, Delaware County に移住してから家名を Gould に変えた。[3] 父は John Burr Gould,

---

　2) Jason Gould は早くから, 略して Jay と呼ばれていた。Richard O'Connor, *Gould's Millions*, 1962, p. 14.

母はスコットランド系のMary Mooreであった。Roxburyは町というより丘陵地で，森と野原で囲まれ二つの小川が流れる農村であった。父Johnは，丘陵地に150エーカーの牧農地を設けて乳牛を飼い，バターやチーズを売って現金収入を得ていた。豚や鶏から肉を，農園から野菜，果樹園から果物を収穫していた。家族は長女Sara（1828年生まれ）以下5人の女子を持ち，Jayは第六子で男の子であった。Jayは虚弱なやせた子供で，黒ずんだ眼と暗褐色の髪が一見混血児に見えた。[4]しかし，ただひとりの男の子であったので彼はGould家のペットであり，アイドルであった。家族は多かったが，貧農というよりむしろ中流の生活を営んでいた。母Maryは1841年，Jayが4歳の時死去した。Jay Gouldは，14歳まで近くのBeechwood Seminaryで教育を受けたが，たまにしか出席しない，手に負えない生徒であった。[5]

2 原始的資本の蓄積

Jayは神経質で虚弱であったが抜け目のない少年であった。16歳で村の倉庫係に雇われていたが，雇い主が衡平法裁判所（Chancery）で不動産の入札に$2,000でオッファしたのを知って，父から$2,500を借り，それを2週間後に$4,000以上で売却した。彼の雇い主は彼が助手でありながら，狡猾でふた心を抱いていたのに激怒し，彼を解雇した。Jayは，1850年の春，14歳にして「正直こそ最もよい方針」だと作文のタイトルに書いているが，その実践がこれであった。[6]彼は元帳や会計（ledger and account）は経験していないが，臆測する能力は十分持っていた。[7]

Jay Gouldは，測量や地図の作成を手伝って，20歳にして約$5,000を蓄財していた。1857年，Gouldはニューヨーク州の鞣革の老商人Zadoc Prattと知合い，彼から皮鞣工場（tannery）の建設に必要な土地代約$120,000の拠出を得てペンシルベニア州境のLehighの郊外にGouldsboro（後にThronhurstと

---

3) *Ibid*, p. 15.
4) Maury Klein, *The Life and Legend of Jay Gould*, 1986, p. 15.
5) O'Connor, *op. cit.*, p. 16.
6) *Ibid*., p. 23. Matthew Josephson, *The Robber Barons : The Great American Capitalists 1861-1901*, 1934, p. 38.
7) H. W. Brands, *Masters of Enterprise*, 1999, p. 38.

改名）工場を設立した。Gould の出資は $5,000 と他に労働力提供の equal partnership であった。Pratt は20歳の Gould よりも55歳も年配であり，著名な実業家で政治家でもあったが，既に引退していた。当時，皮革はブームであったので，Gould は $10,000 で10,000エーカー以上のツゲの森林権を買い入れ，製材所やかじ屋を建設し，50—60人の労務者を雇い入れたりした。更にニューヨークから Scranton に至る Delaware, Lackawanna and Western Railroad への厚板道路（plankroad）を建設し，巨大な皮鞣工場への通路とした。やがて工場はフル操業を始めたが，Pratt は1857年 1 月，工場の帳簿を見，売上高に照らして勘定が合わないことを知った。Gould が帳簿を粉飾していることが明らかとなった。彼は複雑な手口を用いて基金（fund）を振替えていたのである。[8] Pratt は危険を感じて出資金の半額 $6,000 で Gould に売り付けようとした。Gould にはその資金はなかった。Pratt の持分を代位取得したのが Charles M. Leupp である。Leupp はニューヨーク市の皮革市場ではやり手で，また清廉な人として著名であった。彼の義兄弟 David W. Lee がこのパートナーに加わった。[9]

1853年以来，アメリカでは鉄道ブームがあって好景気が続いていた。1857年初から産業界に投機熱が起こり，それが皮革産業界にも波及した。皮革の市価は急上昇した。Leupp 自身は極めて保守的で投機には関心を示さなかったが，Gould は Leupp や Lee の同意なしにギャンブルに手を出し，企業の資金を使って若干の利潤を得た。しかし Gouldsboro の経営は不振が続き資金力は底をついていた。そこへ襲ったのが1857年の恐慌である。[10] Leupp は，皮革の暴落によって打撃を受け，かつて $150,000 で購入したマジソン街の豪邸でピストル自殺を遂げた。後日人びとは噂した。「だれが Leupp を殺したのか？」「Jay Gould！」

Gould はひとりのパートナーを失ったが皮鞣の製造は続けていた。彼のことであるから現金を隠し持っていたのであろう。いまひとりのパートナー Lee

---

8） O'Connor, *op. cit.*, p. 36.
9） *Ibid.*, pp. 38-39.
10） 1857年の恐慌時における Erie 鉄道の株価は，前年度末の61から1857年度末には13に下落した。
　　中村萬次『恐慌と会計—鉄道会計史の視座—』晃洋書房，1997年，p. 127.

が弁護士を通じ Gould の持分を $6,000 で買うと申出たが成功しなかった。しかし Gould は，年賦払 $10,000 で同意することになった。[11]

　Gould はその後，ペンシルベニアの未開地800エーカーを $125,000 で買っていたが，それが石炭埋蔵地であったので $500,000 で売却した。しかし O'Connor は，Gould にとっては，このような儲けは鉄道を巡る取引に比べると瑣細なものであると述べている。[12]

　Gould が鉄道証券に関心を持ったのは，1857年の恐慌によって鉄道株が暴落したからである。Gould はニューヨーク州 Troy からヴァーモント州 Rutland に至る62マイルの小鉄道 Rutland and Washington RR. の第一担保付社債（first-mortgage bonds）を $1 につき ¢10 で D. M. Wilson 所有の社債 $50,000 を購入した。[13] Gould はすでに結婚していたので義父 Daniel G. Miller（鉄道への投機家）の援助を得て，27歳にして社長となり財務および一般管理を担当した。その数ヵ月後，同鉄道が Renselser and Saratoga と合併することとなり巨額の利益を得た。[14]

　1869年，Gould は Cleveland and Pittsburgh RR. の市価 $60 の株式を $40 で売却しようとした株主があることを知り，調査のうえ掘り出しものだと争って買い，更に買い増して51％の大株主となった。後に $120 まで吊上げ，Cleveland and Pittsburgh RR. が石油精製工場に近い南部への路線を拡張しようとしているのに乗じ，株式を売却して200％の利益を得た。[15]

III　Erie 鉄道を巡る争奪戦

　やがて Gould はウォール街のブローカー Smith,[16] Gould and Martin[17] 商会を

11）Klein, *op. cit.*, pp. 56-57. O'Connor, *op. cit.*, pp. 40-41.
12）O'Connor, *op. cit.*, p. 45.
13）Miller は Lee, Dater and Miller 商会のパートナー。Gould は1863年，26歳の時 Miller の娘 Helen Miller と結婚した。O'Connor, *op. cit.*, p. 46.
14）Klein, *op. cit.*, p. 72.
15）O'Connor, *op. cit.*, p. 50. Klein, *op. cit.*, pp. 93-94.
16）Henry N. Smith, ブローカー。
17）Henry Martin, バッファローの銀行家。

設立し，彼と組んだ2人のパートナーによって投機の智識を習得し，金や鉄道証券への投機を始めることになるのである。

ここで Erie 鉄道の支配権を巡って対立した Cornelius Vanderbilt (1794-1877) の略歴を述べておかねばならない。彼はニューヨーク湾近辺の農民の子で，父はオランダ系，母はイギリス系の移民であった。少年時代の Cornelius は健康で体格も良かったが，読み書きもできず，掛算も割算もできなかった。[18] 帆船やスクーナー (schoonors) に関心を持ち，24歳にして，その運航業務によって $9,000を貯めていた。蒸気船が発明されると蒸気船業者として独立し，ハドソン川の運航を巡る Daniel Drew の運航会社との運賃値下げ競争に勝ち残った。[19] 後日運賃を値上げして儲けるという政策を採った。Cornelius は，ハドソン川をニューヨークからアルバニーまで上る航路を管理する蒸気船所有者を結集してハドソン川蒸気船組合 (Hudson River Steamboat Association) を設立した。彼は次々と航路を開設し，1840年代，40歳代半ばで100隻以上の蒸気船を運航させ，その資産は数百万ドルに達していた。[20]

1 Erie Railroad

Erie Railroad Company (以下 Erie RR. と略称) は，1832年4月認可され，1833年8月設立された New York and Erie Railroad Company の後身である。後者は，当時アメリカ最長鉄道といわれたニューヨーク市からエリー川畔 (Dunkirk) を結ぶ路線であったが，1842年4月，資金不足によりいったん倒

---

18) Arthur T. Vanderbilt II, *Fortune's Children : The Fall of the House of Vanderbilt*, 1989, pp. 5-6. 上村麻子訳『アメリカン・ドリーマーの末裔たち—ヴァンダービルト一族の栄光と没落—』渓水社，平成8年，p. 11.

19) Drew は1797年，ニューヨーク州パトナム郡の貧農の家に生まれた。軍隊から脱走してサーカスに加わったり，家畜商人となったりしたが，無学文盲のうえ悪辣で，抜け目のない男であった (Edward Chancellor, *Devil Take the Hindmost : A History of Financial Speculation*, 1999. 山岡洋一訳『バブルの歴史—チューリップ恐慌からインターネット投機へ—』日経BP社，平成12年，pp. 259-260)。Vanderbilt 2世によると，Drew はハドソン川の峡谷からニューヨーク市へ牛を運んで稼ぐに当たって，「餌に塩を混ぜ，街に着くまで牛に水を与えず，一気に腹一杯の水を飲ませて体重を増やすことを思いついた」という悪名高い手柄話を持っている。Vanderbilt II, *op. cit.*, p. 11. 邦訳, p. 16. Klein, *op. cit.*, p. 77. その後 Drew は，汽船運送事業を始めて，Vanderbilt と争い，後に和解したが，更に New York and Harlem Railroad の株価操作を巡って Vanderbilt と衝突を繰返した。

20) Vanderbilt II, *op. cit.*, p. 12. 邦訳, p. 17.

図4-1 エリー鉄道

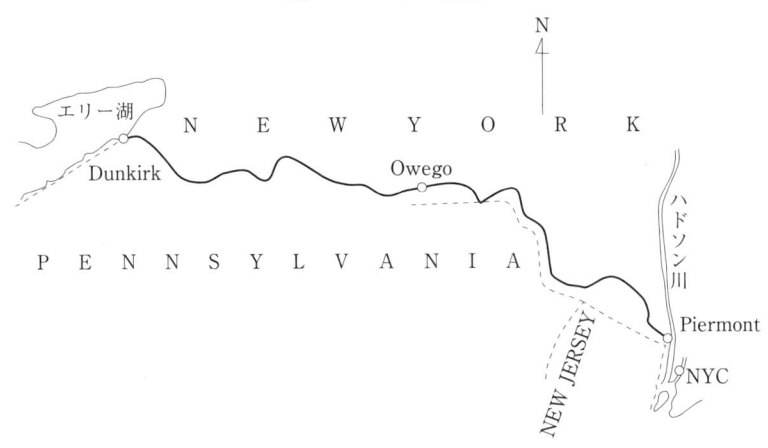

(Edward Hungerford, *Men of Erie*, 1927, pp. 74-75. Henry Varnum Poor, *History of the Railroads and Canals of the United States of America*, vol. I 1860, riprinted 1970, 附属鉄道地図等により作成。)

産した。[21] 後日州政府の援助により，19年余りの歳月を経て1851年5月，全路線が開通することとなった。それには織物取引によって産をなしたBenjamin Loder 等多くの実業家の援助があった。[22]

1850年代にアメリカ東部で完成した四大鉄道には，51年5月 New York and

---

21) Edward Hungerford, *Men of Erie*, 1946, pp. 62-63. 詳細は森稿「ニューヨーク・エリー鉄道の建設」北海道大学『経済学研究』第38巻第4号，昭和54年，pp. 23-24.
22) *Ibid*, pp. 72-73. 森稿，前掲書，pp. 23-24, pp. 34-37. 参照。
23) Stock および Capital Stock の定義について。
　Byron K. Elliott および William F. Elliott は，1908年鉄道法の立場から鉄道会社の「Capital Stock とは，法人会社（Corporation）のビジネスの遂行，および法人の債権者（corporate creditors）の便益（benefit）のために，株主（米）stock-holder（英）shareholder によって支払われ，もしくは，支払うべき金額として，法人の特許状によって固定された額」と定義している (Byron K. Elliott and William F. Elliott, *A Treatise on the Law of Railroads*, 1921, Volume I, pp. 156-157.)。森教授は，Stock とは，会社の株式（share），債務（debt）と政府証券とを称する広い概念で広義の「資本」に近い意味であると述べ，その典拠をあげている（森稿「ウォール街の初期の証券」札幌大学『経済と経営』第20巻第2号，平成8年，p. 176.)。アメリカでは，1850年の General Railway Act によって，社債（bonds）は建造物（construction）もしくは設備すなわち車輛（equipment）のために発行する場合は，株式（stock）に転換できると認めている。すなわち投資者にとっては，株式は必ずしも安定した配当を期待できるものでないので，社債を含めて投資するのが実状であった（Klein, *op. cit.*, p. 81.)。後日 Erie RR. の Drew 一派は，この規定に便乗したのである。

表4-2 NEW YORK AND HARLEM RAILROAD の重役たち.

(*Financial year ending 30th Sept., 1859.*)
BOARD OF DIRECTORS AND OFFICERS, 1859-60.

W. C. Wetmore ············ *New York*, N. Y.	A. B. Baylis ············ *New York*, N. Y.
Cornelius Vanderbilt ···· 〃 〃	Horace Brooks ············ 〃 〃
Daniel Drew ·············· 〃 〃	John Harper ··············· 〃 〃
C. W. Sanford ············ 〃 〃	Albert J. Aikin ··········· *Pawling,* 〃
Horace F. Clark ··········· 〃 〃	Albert Smith ············· *New Rochelle,* 〃
John Alstyne ·············· 〃 〃	F. W. Edmonds ············ *Bronxville,* 〃

　　ALLAN CAMPBELL, *President* ······························ New York City, N. Y.
　　W. H. EMERSON, *Treasurer and Secretary* ····················   〃   〃
PRINCIPAL OFFICE ················FOURTH AVENUE, cor, 26th street, *New York City*
LENGTH OF ROAD — New York City to Chatharn Four Corners ············130.75miles
　　　　　　　　 Morris Port Branch ····································2.12 〃
　　　　　 Second track, including sidings on main line and branch ··················30.96 〃
ROLLING STOCK-Locomotive Engines ···33
　　　　　 Passenger (8-wheel) cars, 1st class ·····································51
　　　　　 Passenger (4-wheel) cars, for city line ·································42
　　　　　 Baggage, mail and express (8-wheel cars) ································11
　　　　　 Freight (8-wheel) cars ···365

(Poor, *op. cit.*, p. 287.)

　Erie RR., 53年1月 Baltimore and Ohio RR., 53年4月 New York Central RR., 次いで55年11月 Pennsylvania RR., がある。なかでも Erie RR. の敵対鉄道は, エリー運河に沿う Buffalo-Albany 路線を持つ New York Central RR. (原初受権資本金 (Capital Stock)[23] $22,858,600, 払込 $24,000,000)[24] であった。同社は1853年5月, Albany and Schenectady RR. ほか7鉄道を合併し, 次いで小鉄道を次々と買収もしくはリースし, 1859年には, 路線は991マイルに達していた。[25]

　Vanderbilt は, 蒸気船の補助輸送手段であった鉄道が, やがて蒸気船の地位を脅かすものになると気づき, 1862年から1863年にかけて New York and Harlem Railroad (表4-2) の株式, 次いで Hudson River Railroad の株式を

---

24) Henry Varnum Poor, *History of the Railroads and Canals of the United States of America,* voL I. 1860, p. 272.
25) *Ibid*, p. 272.

操作して巨額の利得を得た[26]。彼はアメリカの将来は鉄道事業だと確信し，New York Central RR. に目を付け，1867年12月，73歳にして同社の社長となった[27]。1868年1月，今度は New York Central RR. のライバル Erie RR. を買収すると，運賃競争の邪魔物を消すことができると考えた。それに敵対したのが Erie RR. の取締役であり会計士であった70歳の Daniel Drew および若い二人の取締役 Jay Gould, Jim Fisk であった。

ここで New York Erie RR. を継承した Erie RR. の財務状況と，当時のアメリカの環境を叙述しておかねばならない。

Erie RR. が部分営業をしていた時の純収入は些少で，1847年までは無配を継続していた。1851年全線が開通したので収入も増加した。50年代のアメリカでは，1848年のカリフォルニアの金鉱発見の影響もあって，西部開拓によりその人口は増加し，それにつれて農産物・生産物の輸送によって鉄道ブームが生じ，Erie RR. もその恩恵に浴した（表4-3・4-4）。Tugan-Baranowsky は「多数の鉄道線が採算性を考慮せずにたんに取引所投機だけを念頭において建設された[28]」と述べている。

株式，公有地，その他あらゆるものが，投機の対象となり，万事は金で解決されたので裁判官から知事・下院議員・警察官まで籠絡し，詐欺や株券の偽造は日常茶飯事となっていた[29]。このような世相であったから Gould や Vanderbilt がこれに便乗したのも当然であった。

2 Erie War

すでに述べたように Vanderbilt はニューヨーク市を起点とする東部諸鉄道を掌握するために，Erie RR. の買収にとりかかった。しかし Erie は Vanderbilt の敵手 Drew が支配する鉄道であった。Drew と結んで Vanderbilt に打撃

---

26) 詳細は Frank Walker Stevens, *The Beginninja of the New York Central Railroad*, 1926, pp. 350-353. 森稿「エリー鉄道とウォール街」札幌大学『経済と経営』第20巻第1号，平成8年，pp. 82-83.
27) Vanderbilt II, *op. cit.*, p. 34. 邦訳，p. 37.
28) Michael von Tugan-Baranowsky, *Studien zur Theorie und Geschichte der Handelskrisen in England*, 1901, S. 125. 救仁郷 繁訳『新訳英国恐慌史論』ぺりかん社，昭和47年，pp. 139-140.
29) 中村萬次『恐慌と会計―鉄道会計史の視座―』p. 125.

表4-3 エリー鉄道の財務構造（1842-1859年）
COST, EARNINGS, EXPENSES, ETC., YEARLY.

Year.	Cost of Road, &c.	Miles of Road.	Pass'r.	Freight.	Mails, &c.	Total.	Operating expenses.	Net earnings.	Div.	p.c.
'42	$1,967,081	46	$34,848	$43,677	$...	$78,525	$46,793	$31,732	$nil	$nil
'43	2,084,408	53	35,000	60,735	...	95,735	52,520	43,215	"	"
'44	2,084,408	53	46,178	79,842	...	126,020	66,945	59,075	"	"
'45	2,084,408	53	44,176	82,169	...	126,345	70,217	56,128	"	"
'46	2,561,018	62	64,754	120,762	...	185,516	123,173	62,343	"	"
'47	2,739,835	62	100,991	153,128	...	254,119	172,970	81,149	"	"
'48	3,276,678	74	125,722	185,191	...	310,913	195,508	115,405	133,437	6
'49	16,430,868	268	363,210	425,078	21,855	810,143	508,926	301,217	291,595	6
'50	20,323,581	337	539,584	522,836	77,139	1,139,559	623,948	515,611	339,855	6
'51	24,028,858	465	1,159,289	1,103,892	96,689	2,359,870	1,277,680	1,082,190	346,859	6
'52	27,551,205	465	1,382,637	1,833,198	271,931	3,537,766	1,871,167	1,666,599	416,434	6
'53	31,222,834	498	1,601,209	2,537,215	180,538	4,318,962	2,518,781	1,800,181	252,660	2 1/3
'54	33,439,432	498	1,743,379	3,369,590	246,989	5,359,958	3,406,377	1,953,581	700,605	7
'55	33,742,317	498	1,698,670	3,653,002	137,321	5,488,993	2,861,875	2,627,118	nil	nil
'56	33,938,254	498	1,656,675	4,545,722	146,593	6,348,990	3,636,838	2,712,152	"	"
'57	34,033,680	498	1,495,361	4,097,610	149,635	5,742,606	4,285,347	1,457,259	1,000,000	nil
'58	34,058,632	498	1,182,258	3,843,310	126,048	5,151,616	4,065,041	1,086,575	nil	"
'59	35,320,907	498	1,154,083	3,195,869	132,197	4,482,149	3,209,008	1,273,141	"	"
	$340,588,404	4124	14,428,024	29,902,826	1,586,935	45,917,785	28,993,114	16,924,671	3,481,445	
Av.	18,926,022	229	801,556	1,661,268	88,163	2,550,987	1,610,730	940,259	193,411	2.7

(Poor, op. cit., p. 287.)

NOTE.-By the terms of the re-organization in 1847, interest at the rate of 6 per cent. was agreed to be paid on the shares till the road was opened to Lake Erie. The dividend in 1857, 10 per cent, was paid in stock.
In the table, only the cost of the completed portions of the road, while it was in progress, is given.

表 4-4 エリー鉄道の貨物輸送量 (1855-1859年)
FREIGHT TRAFFIC For The YEARS 1855-59. inclusive.

Year.	Through Freight East'd	Westw'd	Total.	Way Freight Eastward.	Westward.	Total.	Total Freight Eastward.	Westward.	Total.
1855…	113,330	42,238	155,568	380,789	305,798	686,587	494,119	348,036	842,155
1856…	202,082	78,748	280,830	366,366	335,873	702,239	568,448	414,621	983,069
1857…	157,828	80,271	238,099	346,647	393,323	739,970	504,475	473,594	978,069
1858…	224,886	61,068	285,954	268,016	262,994	531,010	492,902	324,062	816,964
1859…	171,206	67,805	239,011	302,799	327,262	630,061	474,005	395,067	869,072
5years.	869,332	330,130	1,199,462	1,664,617	1,625,250	3,289,867	2,533,949	1,955,380	4,489,329
Aver'e	173,866	66,026	239,892	332,923	325,050	657,973	506,789	391,076	897,865

(Ibid., p.286.)

を加えようとしたのが若いブローカーである32歳のGouldと34歳のJim Fiskであった。

Fiskはボストンの食料品店のセールスマンを経て南北戦争中に綿花の密輸を行ない,ウォール街で金儲けの方法を見つけた。1864年,Drewの店員となり,Erie RR.の取締役としてDrewの片腕になっていた。この三人がVanderbiltのErie株買占めに立ち向かっていた。世にいう「エリー戦争」(Erie War)の開始である。1868年3月,Erie RR.の取締役会が改選されることになっていたので,戦いはVanderbiltが,Drewの取締役解任命令を裁判所に申請することから始まった。Drew派はこれに対抗して判事の買収工作を行なっていた。Drew派は鉄道のレール年間使用量20,000トンを,銑鉄から鋼鉄に変えると,労働者300人にまで拡がっていたので,彼らの日賃金を節約できるという名目で,取締役会が$5,000,000の社債をDrewのブローカーに売却する[30]ことを承認した。この社債は後に株式に転換された。1867年12月,Buffalo, Bradford and Pittsburgh Railroadをリースするために更に$10,000,000 (10,000shares)が印刷され,株式に転換のうえ市場に放出された[31]。Drew派は,この転換社債を安価で入手して,Vanderbiltに株式の空売りを行ない

---
30) Hungerford, op. cit., p.164.
31) Klein, op. cit., p.81. Chancellorによると19世紀のアメリカにおいては,普通株の配当が社債の固定利息よりも上回ったので一時的取締役の多くが株を購入したと云う(Chancellor. op. cit., p.173.)。

$7,000,000 を入手した。Drew は，1862年から1872年までに地下の印刷室で 55,000株を，次いで更に55,000株を印刷してウォール街に放出していた。[32] Vanderbilt が買えば買うほど，三人は価値のない株券を市場に投げ出したので株価は暴落し，彼は大きな損害を蒙った。怒った Vanderbilt は，裁判所に駆け込み，三人の逮捕状を発行させた。1868年3月，三人は $6,000,000 の札束と，元帳や書類をかばんやポケットに詰め込んでニューヨーク州裁判所の管轄外の Jersey City の Taylor's Hotel に逃げ込んだ。[33] 三人は警察署長を呼んで15人の武装警官を付けさせ，船着場には12ポンドの大砲3門を置き，水上には銃で武装した12人の船員を乗せた四隻の救命艇を浮かべて立て籠もった。[34] ニューヨーク州議会では，三人が偽造発行した株式を合法と認めるか否かについて論議された。上院では気脈を通ずる議員に対する工作費として1票につき $15,000 が相場であったので，Vanderbilt から $75,000，Gould 側から $100,000 をせしめた上院議員もあった。Gould, Drew, Fisk は議員を買収して法案を通過させ，ニューヨーク市に出入りできるようになった。三人は，Vanderbilt の所有する Erie 株55,000株を1株 $70 で買取り，Erie 社債 $1,250,000 と迷惑料として現金ボーナス $1,000,000 を Vanderbilt に支払うことを条件に妥協した。[35] 代わりに Vanderbilt は三人に対する法律上の訴訟をすべて取り下げることに同意した。しかし Vanderbilt は数百万ドルの損害を蒙って手を引いた。

　Gould は Erie RR. のトレジャラーとなり，Fisk はコントローラに就いた。Drew は取締役から追放された。無名の Gould は，この Erie RR. の争奪戦によって一躍有名となり，後日「ウォール街の緋色の女」"Scarlet Woman of Wall Street"，「究極の泥棒貴族」"ultimate robber baron" と呼ばれるに至った。[36] 1868年，Gould は Erie RR. の社長に選任され，[37] 1872年まで8年間経営を担当

---

32) Vanderbilt II, *op. cit.*, p. 36. 邦訳，p. 39.
33) Klein, *op. cit.*, p. 82.
34) 小椋廣勝『ウォール街』青木書店，昭和28年，p. 83.
35) Vanderbilt II. *op. cit.*, p. 37. 邦訳，p. 40. Klein. *op. cit.*, p. 85.
36) Klein, "Jay Gould," in Robert L. Frey (ed.), *Railroads in the Nineteenth Century, Encyclopedia of American Business History and Biography*, 1988, p. 140. Chencellor, *op. cit.*, p. 178.
37) Frederick C. Hicks, *High Finance in the Sixties*, 1929. p. 125. 1872年7月の株主総会開催前の

することになる。Gould の社長就任時においては，Erie RR. の資金が枯渇していたので，その資金対策が必要となった。その間 Erie の社債は $17,822,900 から $26,395,000，普通株は $24,228,800から $78,000,000 に増加した。[38] 走行マイル数は一時53％増加したが，純利益は22％増加するに止まった。株式によって調達した資金は，鉄道の改良のために発行されたものでなく，Erie マネジャーの売り方の操作（bear operation）に利用され，後に値上がり時の買戻し資金として，すなわち Gould のスペキュレーションに利用された。社債の発行によって固定費（fixed charge）は逐年増加し，1873年には総収益に対し30％となっていた。1874年には制動手が，続いて警備員によるストライキが続発し，総収益は1873年の恐慌もあって $1,413,708 減少した。1874年3月，監査人 S. H. Dunan は，会計帳簿の虚偽を指摘した。イギリスの株主の代表者たちは，1875年9月に終わる過去3年間の会計検査の結果，会社の利益は $5,352,673 ではなく $1,008,755 で，約 $4,300,000 の水増しがなされていたと報告している。[39] その後 Goulod は，イギリスの投資家と対立して，1872年3月，Erie RR. から追放されることとなった。

Vanderbilt は，New York Central RR. を基軸として，東部諸鉄道を併合し，大西洋と五大湖を結ぶ一大幹線鉄道を完成し，路線740マイル，機関車408輌，貨車9,026輌を擁する鉄道網を設定した。1867年には New York Central RR. の株価は75ポイントから120ポイントに，さらに1869年には200ポイントに達した。Vanderbilt は1877年1月死去した。享年83歳であった。遺産 $15,000,000 は遺族に配分された。[40]

　3月における Erie の社外普通株合計865,269に対し，Gould の持株は120,000であった。しかし Gould の部下のロンドン駐在の取締役 James McHenry の株式委任状は210,000であった。Dorothy R. Adler, British Investment in American Railways, *1834-1898*, 1970, p. 114.
38) 森稿，前掲書，pp. 112-126.
39) Stuart Daggett, *Railroad Reorganization*, 1967, pp. 36-37.
　アメリカの経済史家 Faulkner は，鉄道ほど株式の水増しに悩まされた産業はなかったといい「イリー鉄道の株式は1868年から1872年までの4年間に，市場での投機によって，$17,000,000 から $78,000,000 へと水増しされた」……「ジェイ・グールドやダニエル・ドルーのような連中は……自分たちの財産をつくる手段として株式を操作するために，鉄道を支配したのである」と述べている。Harold Underwood Faulkner, *American Economic History*, Eighth Edition, 1954, pp. 493-494. 小原敬士訳『アメリカ経済史』至誠堂，昭和46年，p. 633.
40) Vanderbilt II, *op. cit.*, pp. 38-54. 邦訳，pp. 40-55.

Ⅳ　Union Pacific Railroad の支配

1　代行による間接支配

　Gould が，次に目を付けたのは，Union Pacific Railroad Company（以下 UPR と略称）であった（図 4-2）。UPR は1867年7月その設立を認可された。原初の認可株（受権株）は10万株（後に100万株），1株の額面 $1,000（後に $100）であった。UPR は，ネブラスカ州の東境ミズーリ川畔から西走し，西部から東走してきた Central Pacific Railroad Company とユタ州プロモントリ（Promontory）で接続することによって大陸横断鉄道という大事業を担うこととなった。大陸には山岳や河川があり，橋梁やトンネルを建設せねばならず，草原の砂漠では砂利も敷けず，重車輌は常に事故を引き起こすので建設工事は困難を窮めた。この巨大なルートを完成するために厖大な資金が必要であったが，投資家は資金の拠出をためらったので政府の援助を待つほかなかった。契約建設業者は建設原価を水増し請求していた。1872-1873年，契約者 Credit Mobilier の株式が，賄賂として議員に提供されるなどしたので，世間の非難を浴びた。

　1873年の恐慌は，その長さにおいても深さにおいてもアメリカ資本主義経済がこれまでに経験しなかった大恐慌であった。UPR の株式は¾まで下落した。Gould は1873年新発行株式の約3分の1，すなわち100,000株を $20 から $30 の市価で購入し，翌1874年，UPR の取締役に選出された。その間 UPR の株価は $15 ないし30の間を上下していたので株式を追加購入し，1875年には $80 まで騰貴した。[41]

　Gould は，Sidney Dillon を傀儡社長に，Silas H. H. Clark を総区長（General Superintendent）に送り込み，経営上特異な間接支配を行なった。

41）　中村萬次稿「ユニオン・パシフィック鉄道の財務と会計，1869-1885」『四日市大学論集』第4巻第1号，四日市大学，平成3年，p. 13. 中村萬次『米国鉄道会計史研究』同文舘出版，平成6年，所収. Nelson Trottman, *History of the Union Pacific*, 1966, p. 100. Julius Grodinsky, *Jay Gould : His Business Career, 1867-1892*, 1957, p. 129. Charles Edgar Ames, *Pioneering the Union Pacific*, 1969, p. 507.

図 4-2 大陸横断鉄道（含支線）(1862年法による)

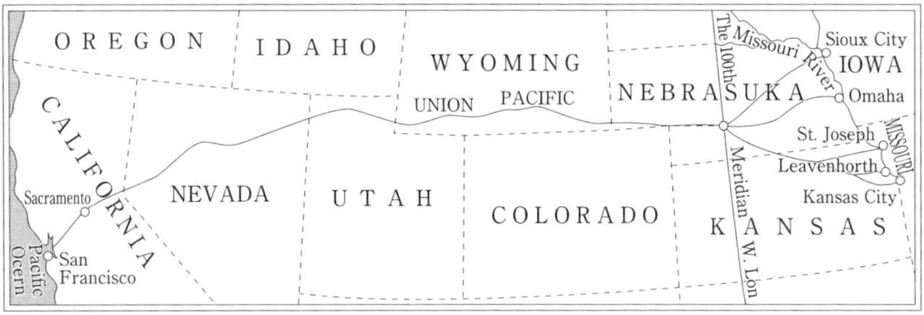

かくて UPR の財務を部分的に好転させたので，株価は $40 から $80 に上昇した。大陸横断鉄道が完成すると，人口および生産物の増加によって鉄道は潤った。1875年度の純利益は $6,451,552.74，1876年度 $7,477,408.791，配当金は1875年 7 月 1 日から1880年 1 月 1 日の間，$1,942,152 を支払っている。配当は 4 半期 2 ％（年率 8 ％）となり，株価は1876年平均 $70 近くになった（表4-5）。

1876年 6 月，Gould の持株は160,000株，1878年の初めまでに200,000株となっていた。うち27,000株を残して平均価格 1 株 $70 で売却してしまった。[42] Ames は，Gould の利得は 1 株約 $40，従って約 $7,000,000 プラス配当 1 株 $20，$3,500,000，合計 $10,500,000 と計算している。[43]

2　Gould の鉄道帝国

Gould は UPR を支配下に置いたので，競争路線であった Kansas Pacific Rairoad を支配するため，同鉄道の株式10,000,000株を安価で購入し，後に UPR とのプール協定を結んだ。続いてカンサス州の二つの農業鉄道すなわち Kansas Pacific システムの Kansas Central Railroad と Central Branch Railroad の株式を取得した。とくに後者は，過大資本化で財務状態も悪く株価は低落していた（表4-6）。

---

42) *Ibid.*, p. 507. Daggett, *op. cit.*, p. 228.
43) Ames, *op. cit.*, p. 508.

DIRECTORS.
OF THE
UNION PACIFIC RAILWAY COMPANY.

F. L. AMES, Boston.
ELISHA ATKINS, Boston.
EZRA H. BAKER, Boston.
F. G. DEXTER, Boston.
W. L. SCOTT, Erie, Pa.
S. H. H. CLARK, Omaha.
G. M. DODGE, Council Bluffs.
SIDNEY DILLON, New York.
DAVID DOWS, New York.
JAY GOULD, New York.
RUSSELL SAGE, New York.
SCION HUMPHREYS, N. Y.
T. T. ECKERT, New York.
AUGUSTUS SCHELL, N. Y.

JOHN SHARF, Salt Lake.

GOVERNMENT DIRECTORS.

R. P. BUCKLAND, Tremont, Ohio.
GEO. B. SMYTH, Keokuk, Iowa.
C. C. HOUSEL, Omaha, Neb.
JUDSON KILPATRICK, Deckertown, N. J.
ONE VACANCY.

GENERAL OFFICERS.

SIDNEY DILLON, *President*, New York.
ELISHA ATKINS, *Vice-President*, Boston.
SIDNEY BARTLETT, *General Counsel*, Boston.
JOHN F. DILLON, *General Solicitor*, New York.
HENRY McFARLAND, *Secretary and Treasurer*, Boston.
O. W. MINK, *Assistant Secretary and Treasurer*, Boston.
JAMES M. HAM, *Assistant Terasurer*, New York.
A. H. CALEF, *Assistant Secretary*, New York.
H. B. WILBUR, *Auditor*, Boston.
JAMES G. HARRIS, *Transfer Agent*, Boston.

OFFICERS ON THE LINE

S. H. H. CLARK, *General Manager*, Omaha.
T. L. KIMBALL, *Assistant General Manager*, Omaha.
A. J. POPPLETON, *Attorney*, Omaha.
J. P. USHER, *Attorney*, Lawrence, Kansas.
J. W. GANNETT *Auditor*, Omaha.
FRANK D. BROWN, *Cashier*, Omaha.
T. J. CLARK, *General Superintendent Union Division*, Omalna.
S. T. SMITH, *General Superintendent Kansas Division*, Kansas City.
E. P. VINING, *General Freight Agent*, Omaha.
J. W. MORSE, *General Passenger Agent*.
C. S. STEBBINS, *General Ticket Agent*.
LEAVITT BURNHAM, *Land Commissioner*, Omaha.
S. J. GILMORE, *Land Commissioner*, Kansas City.

第4章 Jay Gould, 鉄道スペキュレーター　101

表4-5　走行マイル・所得・営業費・税・剰余金および費用比率
Union Pacific Railroad Company.（1869-1893）

	Miles Operated	Earnings	Operating Expenses	Taxes	Operating Expenses Including Taxes	Surplus Earnings	Expense Ratio
1869							
1870	1038.68	$7,625,277.11	$4,575,031.36	$102,383.48	$4,677,414.84	$2,947,862.27	61.34
1871		7,521,682.16	3,310,551.55	284,015.31	3,594,466.86	3,921,115.30	47.87
1872		8,892,605.53	4,597,427.63	203,145.85	4,800,573.48	4,092,032.05	53.98
1873		10,266,103.66	4,752,838.58	222,022.44	4,974,861.02	5,291,242.64	48.46
1874		10,559,880.12	4,599,148.74	255,555.13	4,854,703.87	5,705,176.25	45.97
1875		11,993,832.09	4,710,970.10	271,068.85	4,982,047.95	7,011,784.14	41.54
1876		12,886,858.84	4,961,015.27	307,195.93	5,268,211.20	7,618,647.64	40.88
1877		12,948,477.02	5,283,129.20	286,963.50	5,570,092.70	7,199,782.17	42.88
1878		13,121,272.58	4,989,610.79	386,975.40	5,376,586.19	7,744,686.39	40.98
1879	1042.40	18,040,266.08	7,930,078.79	438,758.17	8,368,836.96	9,671,429.12	46.38
1880	2766.30	25,066,893.77	11,581,693.91	540,245.75	12,121,939.66	12,944,954.11	48.36
1881	3125.45	28,971,250.27	15,277,634.82	562,445.19	15,840,080.01	13,131,170.26	54.67
1882	3632.69	29,430,318.70	14,532,384.94	709,576.44	15,241,961.38	14,188,357.32	51.79
1883	4120.65	28,629,222.80	15,057,684.15	1,086,655.66	16,144,339.81	12,484,882.99	56.39
1884	4420.30	25,657,290.41	14,014,460.40	853,654.80	14,868,115.20	10,789,175.21	57.95
1885	4473.95	25,674,674.75	15,083,175.25	904,058.28	15,987,233.53	9,687,441.22	62.27
1886	4509.20	26,280,185.89	16,359,580.23	1,052,633.54	17,412,413.77	8,867,972.12	66.26
1887	4822.81	28,557,765.69	16,616,761.12	1,050,971.42	17,667,732.54	10,890,033.15	61.87
1888	5041.36	30,195,522.53	18,476,428.04	1,258,459.75	19,734,887.79	10,460,634.74	65.36
1889	7389.55	39,669,600.06	24,516,751.40	1,496,801.25	26,013,552.65	13,656,047.41	65.58
1890	7562.94	43,049,248.36	29,343,961.81	1,467,202.46	30,811,164.27	12,238,084.09	71.57
1891	7668.35	42,699,587.83	27,668,896.35	1,491,385.87	29,160,282.22	13,539,305.61	68.29
1892	7673.59	43,135,098.20	27,216,237.23	1,548,742.17	28,764,979.40	14,370,118.80	66.69
1893	7690.57	36,053,401.68	24,508,884.96	1,548,274.16	26,057,159.12	9,906,242.56	72.27

（Henry K. White, *History of the Union Pacific Railway*, 1895, repinted 1973, pp. 116-117.）

1880年1月，UPR, Kansas Pacific Railroad, およびその子会社 Denver Pacific Railroad との結合が成り，新会社の名称を Union Pacific Railway Company（以下 UPRC と略称）に変更した。[44] 新株 $1 は旧株 $1 と交換され，新会社の資金は $50,762,300，その再建原価は $103,414,990 であった。[45] Gould

---
44) 中村萬次『米国鉄道会計史研究』p. 107.
45) Report of United States Pacific Railway Commission, Senate Executive Documents, 50th Congress. 1st Session, No. 51, pp. 4437-4468, quoted by John Davis, *The Union Pacific Railway*, 1894, p. 333.

表 4-6 Kansas Pacific Railroad の普通株の相場 (1879年)

月	最低	最高
1	$9\frac{1}{8}$	13
2	$11\frac{1}{2}$	$22\frac{1}{4}$
3	17	$22\frac{1}{2}$
4	$20\frac{1}{2}$	60
5	50	$59\frac{3}{4}$
6	54	59
7	56	60
8	$53\frac{5}{8}$	$59\frac{1}{2}$
9	55	$73\frac{1}{2}$
10	70	$85\frac{1}{4}$
11	$83\frac{1}{2}$	92
12	85	$92\frac{1}{2}$

(Stuart Daggett, *Railroad Reorganization* 1967, p. 230.)

は, Kansas Pacific の株式43,393株を 12½替, すなわち $542,416 で購入していたが, 新会社の株式40,382株, その市場価格 $3,715,144 交換し, その統合によってその差 $3,172,728 のキャピタル・ゲインを得た。

1881年12月末日, Gould の所有株の多少にかかわらず, 彼の圧倒的な支配力が及んだ鉄道は, 表 4-7 の通りである。

Gould の支配鉄道の全長は104,813マイルで, アメリカ全鉄道の15%に相当する。Gould は短期間であったが, 西部だけでなく東部の 3 鉄道, すなわち Delaware, Lackawanna and Western, Central of New Jersey RR. および New York and New England RR. をも統制下に置いた。彼のシステムは15,854マイルとなり, 全アメリカの営業路線103,108マイルの15%を上回るほどとなった。(表 4-5) に示したごとく結合によって UPRC の剰余収益は, 飛躍的に増加し, 全国的な証券業者に煽られて同社の擬制資本は, 株式も社債も高騰し

---

46) Ames, *op. cit.*, p. 512. Alfred D. Chandler. Jr., *The Visible Hand : The Managerial Revolution in American Business*, 1977, p. 159. 鳥羽欽一郎・小林袈裟治訳『経営者の時代』上巻, 東洋経済新報社, 昭和54年, p. 218.

第4章 Jay Gould, 鉄道スペキュレーター　103

表4-7　Gould の鉄道帝国（1881年12月31日）

Central of New Jersey	557
Delaware, Lackawanna & Western	776
Denver & Rio Grande	1,065
International Great Northern	776
Missiouri, Kansas & Texas	1,286
Missouri Pacific	904
New York & New England	478
St. Louis, Iron Mountain & Southern	723
Texas & Pacific	1,392
Union Pacific	4,269
Utah Central	280
Wabash	3,348

(Grodinsky, *op. cit.*, p. 354.)

続けた。
　Gould の野望はアメリカ西南部の鉄道にまで及んだ。1880年から1884年の初めにかけて，Missouri Pacific Railroad, Texas and Pacific Railroad, St. Louis and Southwestern Railroad の諸鉄道を自己のシステム下に掌握し，次いで International Great Northern Railroad と盟約を結び，1881年に取締役，次いで翌年には社長となり，自己の支配下に置いた。かくて，1881年末までに Gould の西南部地域における支配は5,000マイル以上，建設追加約475マイルとなり鉄道帝国を拡張した。[47]
　Gould は，鉄道株への投機だけでなく，これより先1869年には金相場にも手を染めていた。この当時，金取引所（Gold Room）は投機の場であった。グリーン・バックが発行されて，金価格が変動したからである。彼は Grant 大統領の個人秘書等に接近し，巧妙な政治工作を行ない，同年9月24日の「暗黒の金曜日」"Black Friday" に10人以上のブローカーから買い集めた約1億ドルの金を売り続け，金市場を大混乱に陥れ約 $10,000,000 の利得を得ている。[48]

---

47) Grodinsky, *op. cit.*, p. 266.
48) Klein, *op. cit.*, pp. 109-114. Chancellor, *op. cit.*, pp. 179-182. 邦訳，pp. 284-293.

V Western Union Telegraph への投機・Gould の死去

　Gould は鉄道会社と関連のある電信会社の支配にも関心を持っていた。1856年，アメリカ電報会社の多くが合同して Western Union Telegraph Company を形成し，電信事業を独占していた。しかし若干の電信会社がなお存在していた。1879年3月，Gould は新しい電信会社 American Union Telegraph Company を設立した。それは Western Union Telegraph Company から離れた鉄道に通ずるラインであった。新たな電信戦争（telegraph war）が始まった。Gould は大西洋横断海底ケーブル——American Telegraph and Cable Company——に着手し，外国との海底ケーブルの独占を意図したので Western Union Telegraph の収益が減少することとなり，株価が暴落した。[49]

　Gould は Union Pacific の株式を高値で売り，その収入で Western Union の株に投資した。1880年，Gould は約9万株の個人株主となり，1881年から1892年まで同社を支配した（表4-1）。ここでも Gould は，すべての業務を専門経営者 Thomas T. Ecker に一任した。彼は従来の策略を実行に移したまでであるが，ウォール街では餌なしで Western Union という魚を釣り上げたと噂した。彼は効率の高い経営によって，彼自身のための高率配当を行なった。[50]

　1882年の中頃から始まった恐慌は，1886年まで続いた。多くの製造会社・貿易商社・銀行が破産した。ウォール街のブローカー商社の多くが支払不能になった。1880年の初めには Western Union Telegraph の株式は高値で売却できたが，同年4月から下落し始めた。以前 Gould と組んで手痛い目にあわされた Henry N. Smith, Addison Cammack, James Keene および Charles Woerishoffer はグループを組んで Western Union Telegraph の株式を売り浴びせてきた。相場は下落し続けたが，Gould はそれを買い支える財力をまだ持っていた。しかし新聞は Gould は破産寸前と報じ，$20,000,000 の大穴にはまり込んでいると報じた。[51] ウォール街の相場は下落し続け，Gould の借金は

---

49) Grodinsky, *op. cit.*, p. 279. Chandler, Jr. *op. cit.*, p. 200. 邦訳，上巻，p. 355.
50) Klein, "Jay Gould", in Frey (ed.), *op. cit.*, pp. 143-144.
51) O'Connor, *op. cit.*, p. 233.

$20,000,000 となった。彼は負債の重圧に耐えきれなくなったが，彼の友人たちは彼への融資を拒んだ。スペキュレーター Gould の全盛時代は終わった。1884年の夏以来，彼は心労による不健康に悩まされた。1892年12月彼は死去した。[52]

Ⅵ 結　語

Jay Gould は100年の間，嘲けりと嘲笑を受け，冷血な掠奪者，贈賄者として民衆の侮辱と憎悪の対象となり，「彼に触れたものは死ぬ」とさえいわれてきた。かつて Karl Marx は Gould についてニコライ・フランツェヴィチ・ダニエルソンへの手紙で「タコ足的な鉄道王で金融ぺてん師，……鼻がよくきく」と評している。[53] 海洋生物学者奥谷喬司氏は，タコは唾液腺から出すチラミンという麻痺液をカニに注入してカニの抵抗を止め，大好物のカニの生身をむしって食べると述べている。Gould は，タコと同じように秀でた視覚，触覚，吸覚を持ち，餌物を見付けると8本の強い吸盤で富を巻きあげたのである。経営史家井上忠勝教授は，「多数の一般株主の犠牲において法外な個人的利得を得ようとした。……彼にとって企業は自己自身の個人的利得をはかるための単なる手段に過ぎず，そのためには企業やその一般株主に損失を与えても一向意に介することはなかった」[54] と非難している。

Ames によると，Gould は友人でさえもスケイプゴート（scapegoat）にする抜け目のない不撓不屈のスペキュレーターであった。彼は株式持分を拡大して，新路線を建設し，低運賃で輸送し，生産者や消費者に新しい富を与えた。しかし他方，粉飾決算を行ない，大衆の財産のあくどい破壊者であった。彼は経営についてなんらの定見も持たない企業者でしかなかったと述べている。

Gould について約600ページの伝記を書いた Klein は，*Encyclopedia of American Business History and Biography*, で上記とは若干異なった評価を与

---

52) Grodinsky, *op. cit.*, p. 592.
53) 1881年2月19日付，『マルクス・エンゲルス全集』大月書店，第25巻，昭和49年，pp. 128-129.
54) 井上忠勝稿「ウォール街人の企業観—J. グールドと J. P. モルガン—」『愛知学院大学経営学報』第1巻第1・2合併号（創刊号），平成3年，p. 16.

えている。「90年の間，Gould は産業時代（industrial age）のアメリカ歴史上典型的な悪党（archetypal villan）といわれてきた。アメリカの歴史上狂瀾怒涛の時期には悪役としては都合のよい定型（stereotype）としての役割を果たした。……ただ最近になって近代の学問は，Gould がその当時にだけマッチした彼の仕事の幅広い描写（canvas）について修復している。ここで幅広いキャンバスとは，ボロ鉄道の諸施設やサービスを改善して消費者に奉仕し，効率的経営を行なって一般株主（自分自身のためにも）に配当を行ない，証券投機を投資に拡化させ，アメリカ産業資本主義に貢献したことを意味している。Chancellor によると Klein は従来の定説を覆そうと試みているが，Gould が相場の操作で悪名が高かったという評価を覆すには至っていないと批評している。しかし，個人の伝記を書いた論者は誰でもその対象に同情と拍手を送るものであることを付言しておく。

ではスペキュレーションとは何か。投機と投資はどう違うのか。投資は善で投機は悪なのであろうか。

もともとスペキュレーションというのは，事実の裏付けを持たない思索や考え方という哲学的意味を持つものであった。スペキュレーターは，ペーパーをゴールドに変える錬金術師のように事実も裏付けもないが，価格変動によって運用成績をあげようとする相場師のことである。William J. Stevens は *Investment and Speculation in British Railways*, 1902. において，スペキュレーションは無配の普通株を購入してその値上がりを待つことを意味し，投資は株式の配当を期待することと定義している。別に投機的投資家の存在も認めている。当時は資本からの配当は禁止されており，利益からの配当だけしか認められなかったからである。しかし粉飾や利益の水増しが実際に行なわれていたのでこれらの規制は無視されていた。R. H. Mottram は *A History of Financial Speculation*, 1929. において大臣もドクターも民衆も誰もがスペキュレーションに若干の関心を持っていると Gould が云ったことを引用し，所有を目的とせず証券市場で差益を稼ぐのがスペキュレーターで，配当によって生活する目的で証券を買い入れるのが投資家であると述べている。会社は無配でも経営権を握る者は支配の利潤を得ているから，Gould だけを非難しても始まらない。株式

の水増しを始めたのは Drew だが，Vanderbilt も自己の鉄道会社で同じことをやっており，J. P. Morgan も U. S. Steel 等のトラスト形成に同じ手段を採っている。Gould は資本主義の恥部をよく知っており，その矛盾を自己の利益に利用したまでである。結果として鉄道の結合・合併を通じて，鉄道独占の先駆者としてアメリカ産業資本主義を独占の段階に誘導したのである。スペキュレーションは善でも悪でもない。要はその社会性が問われただけである。

第5章 英米鉄道会社の資金比較研究

I 序

　本章は，主としてイギリスおよびアメリカの鉄道会社の調達する資金の源泉を比較検討することによって，それが両者の会計構造に与えた影響を究明することを目的としている。

　イギリスの鉄道会社は，原則として王室の認可を必要とするが，実態は実力を持つ議員達を抱き込むことによって左右された。イギリスの鉄道会社は，認可がなければ株式の募集も社債の発行もできない。しかし，イギリスは産業革命以来，アダム・スミスの主唱するように自由主義思考が厳存しており，たとえ鉄道の施設による大衆の不平不満を抑えるためにその都度規制がなされても，その規制は無視されてきたのが実際である。やがて複会計組織を必要とすることになった。

　アメリカは後進国で，資本の蓄積もなかったので，鉄道を敷くに当たって自国での株式の発行による資金の調達では十分でなかった。イギリスや欧州諸国からの資金を仰がねばならなかったし，さらに連邦政府や州等の自治体からの資金調達を必要とした。連邦や州等からの規制と干渉があり，会計報告も制約されたが，複会計システムの必要はなかった。英米両鉄道の会計報告に差異を生じたゆえんである。以下はその実態である。

II イギリスにおける企業の資金の調達

1 イギリス運河会社の資金の調達

　イギリス鉄道会社の資金の調達や財務内容の分析に先立って，運河会社の資金の調達を検討しなければならない[1]。運河事業への投資の誘引は，投資者の利己的な動機，すなわち運送原価の低減をもたらすということから出たものである。初期におけるイギリスの多くの企業は燃料を石炭に依存し，その製品を港湾にまで搬送する手段として河川を利用した運河を建設する必要があった[2]。製陶業者 Josiah Wedgwood がその一例である[3]。いまひとつの動機は，利子，配当および株価の値上がりを目的とするものである。Ward は前者を「経済的動機（economic motive）」，後者を「財務的動機（financial motive）」と呼んでいる[4]。

　イギリス最初の運河は，著述によって異なるが，アイルランドの石炭を消費都市へ輸送するために開発された Newry Canal だという学者もいる。通説によると，ブリッヂウォーター公爵（Duke of Bridgewater）が，1759-1761年（1759-1780年とも云う）建設したブリッヂウォーター運河を云う。公爵は私財（20万ないし30万ポンド）を投じ，owner entrepreneur となり，マンチェスターからリバプールまで運河を建設した。

　建設には，土地代のほか曳舟道，橋梁，水閘（lock），溝，水路，水門等のための諸支出を必要とした。別に経営上必要な測量，水夫，運搬夫，泊渠，倉庫の新設・修繕費，事務費等をも要した。そのため私財だけでは賄いきれず，1765-1769年の間に25,000ポンドをチャイルド商会（Messrs Child and Co.）

---

1) Jackman によると，イギリス鉄道会社の会計は，鉄道に先行する運河会社の会計を継承したものであると云う。

2) 石炭と産業革命については Gerald Turnbull, "Canals, Coal and regional growth during the industrial revolution," *Economic History Review*, November 1987, Second Series, VolumeXL, No. 4. を参照。

3) N. Mckendrick, "Josiah Wedgwood and Cost Accounting in the Industrial Revolution," *Economic History Review*, April 1970, pp. 45-67.

4) J. R. Ward, *The Finance of Canal Building in Eighteenth-Century England*, 1974, p. 28.

等から借入れねばならなかった[5]。

　ブリッヂウォーター運河の完成によって，マンチェスターその他からの工業製品がリバプールを経て輸出され，リバプールから綿花，羊毛，粗糖，鉄鋼，麻布，香料，茶等が輸入された。その運賃収入によって，「公爵逝去の時期に，運河は年5萬ポンドから8萬ポンドを得ていた」[6]。

　運河会社の設立は，ブリッヂウォーター運河を除き joint-stock company によって建設され，株式の払込等は個別法によって規制されていた。

　Ward によると，イギリス運河会社の初期における出資者は，大地主と貴族が41％を占め，次いで資本家13.7％，商人13.4％である。

　Oxford Canal は1769年設立を認可され，額面100ポンドの株式を発行したが，払込株式は1,223株で，さらに300株を発行したものの払い込まれたのは189株であった。当時運河の建設は，一般に危険性が高いと思われていたからである。払込株式の多かったのは国内の商人で，次いで貴族階級であった。それでも資金が不足したので聖職者（Clergymen）等から投資を仰いだ。

　運河時代の初期においては料金を低く決め，株主への配当は考慮しなかったので，1株につき1ポンドから2ポンド，また17シリング6ペンスという会社もあった。1816年には39社が利益0となった。1825年運河会社80社の平均配当率は，資本に対し5¾％であった[7]。1838年になると，ロンドンでの市場性のある主要運河55社の配当率は表5-1の通りであった。弱小運河はこれに含まれていないから，加えると4％以下になるし，イングランド運河は，1％程度の配当率であったであろうと W. T. Jackman は述べている[8]。

　配当は資本金に対し，スコットランド最大の運河で年7½％と制限された。剰余があれば通行税の引下を行うことになっていた。Forth and Clyde Navigation はその第1期に配当制限を受けた最初の起業である（Ward, *op. cit.*, p. 133.）。

---

5) Baron F. Duckman, "Canals and River Navigations," Derek H. Aldcroft and Michael J. Freeman, *Transport in the Industrial Revolution*, p. 100. Edwin A. Pratt, *A History of Inland Transportation and Communication in England*, 1912, p. 167.
6) 小松芳喬稿「18世紀におけるブリッジウォーター運河の収支」『早稲田政治経済学雑誌』第208・209合併号, p. 18. 会計記録については，同誌第226号・第227合併号, pp. 3-6.
7) Ward, *op. cit.*, p. 175.
8) W. T. Jackman, *The Development of Transportation in Modern England*, 3rd ed., 1966, p. 419.

表5-1　主要運河会社の配当率（1838年）

運河会社数	配当率
6社	25%
12	10—24
9	5—9
19	0—4
9	0

（W.T. Jackman, *The Development of Transportation in Modern England*, 1966, p.419.）

表5-2　イギリス運河会社の配当率

Birmingham Canal:　　　　　　　　　支払配当年率
　　　　　　　　　　　　　　　　　　（percent）:

1774—1776	5.0
1777—1779	11.25
1780—1782	13.93
1783—1785	12.0
1786—1788	13.5
1789—1791	17.5

Loughborough Navigation:

1779—1781	3.3
1782—1784	1.5
1785—1787	13.0
1788—1790	20.0
1791—1793	27.5

（J.R. Ward, *The Finance of Canal Building in Eighteenth-Century*, 1974, p.175.）

　表5-2は, Birmingham Canal および Loughborough Navigation の年代別配当率の推移を示したものである。

　Ward によると, イングランドでの1755-1780年間を第一世代といい, イングランドおよびウェールズでのほぼ運河完成期1780-1815年間を第二世代として, 投下資本（100ポンド）の出資者の職業別分布をみると表5-2の下部の通りである。第一世代期の貴族や大地主は時代とともに転落し, 農民や商人階級が投資を拡大していることが判明する[9]。

9）　湯訳　威稿「十八世紀イギリスの有料道路・河川・運河経営」福島大学『商学論集』第45巻第1号, pp.29-30.

1768年議会法によって認められたFourth and Clyde Navigation（以下FCNと略称）は北海と大西洋を結びつける目的で設立された。認可資本金150,000ポンド，額面100ポンド，1,500株，必要な時には50,000ポンドまで追加投資を認められていた。[10]

　FCNは会社設立に当たって1株につき100ポンド払込，1,500株の申込の受付を始めた。申込者のなかには公爵6名，同夫人2名，伯爵17名，貴族2名がある。男爵もしくはナイト15名，その他，提督・将軍・大佐・卿士等63名，ロンドンから貴族や下院議員が株主となり，議会の認可を得るために協力した。エジンバラから市長・銀行家・地質学者等が出資者となり，また多数の住民が投資（5,000ポンド）した。株主合計126名，申込1,287株，128,7000ポンドであった。それでも最初の認可株式1,500株のうち213株（21,300ポンド）が売れ残ったので，これをグレンジマウスの地主で最大の出資額（10,000ポンド）を持つL. Dundas卿に委託した。不足資金はスコットランド銀行（Royal Bank of Scotland）に依存した。1770年銀行からの借入金11,500ポンド，1772年19,600ポンドとなった。かくて銀行への財務報告書の提出が必要となったのである。しかし，アメリカのように国家資金に依存しなかったので，財務会計は権力的支配を受けることはなかった。

　Oxford Canalが1769年認可され，額面100ポンドの株式を発行したが，払込株式は1,223株で，さらに300株を追加発行したが，払込まれたのは189株であった。イギリスの運河は1830年凋落期に入る。運河の建設は，すでに鉄道にとって代わられる運命にあった。それでも聖職者やクエーカー教徒等は，郷土愛等もあって投資していた。

　1792-93年にイギリスの運河は熱狂期を迎えていた（表5-2）。[11]投資熱をさますため配当率が10％から12％以下に制限された。住民たちは，運河が生活に密着していたので，投資を続けていた。やがて株式は財産ではなく単なる擬制さ

---

10) Joseph Priestley, *Historical Account of the Navigable Rivers, Canals and Railways Throughout Great Britain*, 1967, p. 286. 中村萬次稿「イギリスにおける運河会社の財務と会計」『熊本商大論集』第28巻第2号, p. 21.

11) W. T. Jackmanは「運河は富籤（lottery）であった。多くのギャンブルが運河株の売買によって行なわれた」と述べている。Jackman, *op. cit.*, p. 395.

表5-3　イギリス運河への出資者の職業別構成

I　Peers
II　Landed gentlemen
III　Yeomen, graziers, tenant farmers
IV　Capitalists
V　Manufacturers
VI　Tradesmen
VII　Professional men
VIII　Clergymen
IX　Women

(Ward, *op. cit.*, p. 18.)

表5-4　イギリス運河会社の最高配当率期(1827-1846年)

運　河	年　度	配当率(%)
Loughborough Navigation	1827-29	154^a
Trent & Mersey Canal	1822-33^b	75
Birmingham Canal	1824-35	98
Monkland Canal	1817	72
Erewash	1826	74
Coventry Canal	1836	40
Leeds & Liverpool Canal	1843-46	34
Oxford Canal	1824-26	33⅓
Grand Junction Canal	1828-31	13

a. 1824年度の配当率は197%
b. この期間を通じて配当率は75%

(Baron F. Duckmam, "Canals and River Navigations," Derek Aldcroft and Michael Freeman(ed.), *Transport in the Industrial Revolution*, 1988 p. 122.)

れた資本であることを知るに至った。かくて運河の斜陽化が始まった。「小麦の収穫もしないで，スペキュレーションに熱中する多数の農民もいた」[12]彼らは投機に熱中して損失を生じ，病気になるものもいた[13]。庶民の⅔は運河会社の株式に投資していたので，配当が1株について1ポンド以下になると資金が集まらず，建設が遅れるものも出てきた。配当を支払う余裕もない会社や，財務の不真実な表示を行う会社も続出した。しかし，イギリスの運河会社は政府や自

---

12)　*Ibid.*, p. 395.
13)　*Ibid.*, pp. 395-420.

治体から資金の提出を仰いでいないので，会計や計算書類について国家からの制御は受けていない。

2　イギリスの鉄道会社の資金の調達

イギリスの鉄道会社の資金調達の方法は，運河会社の経営や財務，および資金の調達等はすべて継承しているが，時期と鉄道会社によってその内容は異なる。鉄道会社の環境（好・不況，特に恐慌や鉄道間競争）や収益力によるが，イギリス鉄道会社の場合の特徴は株主による株式払込額と社債による資金の調達である（表5-5）。政府や自治体による制約はない[14]。杉浦克己教授によると，1839年および1843年の「鉄道業委員会」の各社の証言や附録によって「基幹産業」の資金調達（1839-1847年）を計上しているが，株式資本払込額と社債による調達額のみである[15]。既に指摘したごとくイギリスの鉄道は土地への投資が多額で，その開削や堤防費，労賃等の資金が多い。その他路線の維持費，蒸気機関車費，輸送費，税，管理費等の運転資本を必要とする。当時固定費と呼ばれていた部分には社債利子や固定資産の修繕費等があるが，これらの運転資本は流動化できずむしろ固定化するので，多額の資金を調達しなければならなかった。

初期におけるイギリス鉄道会社の資金は，
　(1)株主による株式払込（時に割引発行・優先株発行）
　(2)社債による調達：
　短期手形借入
　未払込株式の前払
　未払込資本の担保の社債
　固定資本担保による社債

国からの借入はない。

---

14) リバプール・アンド・マンチェスター鉄道では建設の初期において財務省借入委員会を通じて，1872年春100,000ポンド借入れている。Henry Booth, *An Account of the Liverpool and Manchester Railway*, 1869, p. 38.

15) 杉浦克己稿「1840年代のイギリス鉄道投資」法政大学『経済志林』第39巻第3号，pp. 164-166.

表5-5 イギリスの鉄道会社が調達した資本（1825-1844年）

年度	株式(£m)	借入金(£m)	合計(£m)
1825	0.13	0.07	0.20
1826	0.29	0.11	0.40
1827	0.40	0.25	0.65
1828	0.77	0.26	1.03
1829	1.13	0.29	1.42
1830	1.42	0.41	1.82
1831	1.85	0.57	2.41
1832	2.25	0.73	2.99
1833	3.04	0.99	4.03
1834	4.07	1.29	5.35
1835	5.62	1.84	7.46
1836	9.92	3.19	13.11
1837	12.83	4.68	17.51
1838	18.81	8.44	27.25
1839	26.03	11.51	37.54
1840	32.11	16.05	48.16
1841	36.85	18.47	55.32
1842	40.62	21.83	62.45
1843	42.96	24.58	67.54
1844	47.27	26.62	73.89

(M. C. Reed, *Investment in Railways in Britain, 1820-1844*, 1975, p. 37.)

(1) ノースミッドランド鉄道会社

　表5-6はノースミッドランド鉄道会社（North Midland Railway Company）の1840年7月30日に終わる30年代の現金支出を集計したものである。営業費（路線および停車場費等）を含んだ支払が最高であるが，土地補償費が意外に多いことが判明する。

(2) ストックトン・アンド・ダァリントン鉄道会社

　ストックトン・アンド・ダァリントン鉄道会社（Stockton and Darlington Railway Company, 以下SDRと略称）はイングランド東北を流れて大西洋に注ぐティーズ（Tees）川畔に注ぐ都市ストックトンからダァリントン間125マイルを結ぶ鉄道である。目的はストックトン西方の炭坑やダァリントン北方のオークラ

---

16) Jackman, *op. cit.*, p. 481.

第5章　英米鉄道会社の資金比較研究　117

表5-6　ノースミッドランド鉄道の現金支出計算書（1830年代）

	£	s.	d.
Raising capital, procuring Acts	41,349	12	6
Land compensation	350,338	19	4
Road and stations	1,686,279	18	5
Rails, chairs, and sleepers	315,622	0	2
Wagons, tools, and stores	8,470	0	4
Engines and carriages	94,920	12	2
Surveying and engineering	52,560	18	7
Salaries, rents, and incidentals	18,504	5	8
Directors' fees	7,850	0	0
Debenture bond stamps, brokerage, etc.	41,002	16	8
Parliamentary and legal charges	18,993	10	7
Total	2,635,892	14	5

（Ernest F. Carter, *An Historical Geography of the Railways of the British Isles*, 1959, p. 59.）

ンド炭坑から石炭やその他の資源を輸送するため1821年議会によって認容された。[17] かくてストックトンの石炭価格は，トン当たり18シリングから12シリングに下落した。初期の走行ラインは25マイル，初期の資本金は，82,000ポンド，必要な場合には20,000ポンド調達すること，借入金も同額を認められていた。同社は1821年5月，第1回株主総会を開き取締役14名を選び，ピーズ（Edward Pease）が支配権を握っていた。

1824年5月第三次法によって可動式蒸気機関車（movable engines）の使用が認められたので，新たに創設されたロバート・スティブンソン会社（Robert Stephenson and Company）に Locomotion 号を発注した。[18]

株式募集は沿道の地方銀行や金融業者が代理店となって果たしている。1822年応募株式463株（額面100ポンド）5株以上の株式応募者は表5-7-aの通りである。クエーカー教徒や銀行家が多い。[19]

---

17) Ernest F. Carter, *An Historical Geography of the Railways of the British Isles*, 1959, p. 16.
18) K. Hoole, *The Stockton and Darlington Railway*, 1975, p. 10.
19) Maurice W. Kirby, *The Origins of Railway Enterprise*, 1960, p. 47.
　　K. Marx はクエーカー教徒たちの工場主を皮肉って次のように述べている。「見かけはひどく信心深そうな狐だ。宣誓はこわいが，悪魔のようにうそはつける。おまけに，やさしそうな横目で，精進のふりをして罪を犯すのも祈りがすんでから！」『資本論』第1巻，マルクス・エンゲルス全集，pp. 232, 315.

表5-7-a 株式応募者および募集株式数(5株以上)(1822年)

株式申込人	職業	株式数
★Jonathan Backhouse	銀行家	50
★John Backhouse	銀行家	20
John Baxter		10
★Henry Birkbeck	銀行家	20
Richard Blanchard	名士	10
Robert Chaloner	名士	10
★Joseph Gurney	銀行家	50
★Joseph John Gurney	銀行家	20
★John Kitching	商人	16
★William Leather	銀行家	15
Thomas Meynell	*エスクワィア	20
Richard Miles	材木商人	5
Annie Peacock	独身女性	10
★Edward Pease	商人	30
★Joseph Pease, Jr.	商人	5
Leonard Raisbeck	名士	15
★Thomas Richardson	ビル・ブローカー	50
★William Skinner	銀行家	5
★William Skinner, Jr.	銀行家	5

★クエーカー教徒(クエーカー教徒が多いので,人びとはクエーカー鉄道と呼んだ)
(Maurice W. Kirby, *The Origins of Railway Enterprise, The Stockton and Darlington Railway, 1821-1863*, 1960, p.48.)

SDRは第1期から収益をあげ,配当2½%を行い,第2期以降5%以上を維持したので近隣に弱小諸鉄道が続出した[20]。Kirbyによると,初期の配当は資本からなされた(表5-7-b)。

Jeansによると,1818年における分割払の株式申込者のうち大口申込者はJ. Backhouse(5,000ポンド,追加申込5,000ポンド), J. Gurey卿(14,000ポンド)で,100ポンド申込者が大半を占めている。株式申込金合計は120,900ポンドとなっていた[21]。

地域別について云うと,ダァリントン24名,ストックトン23名であったが,

20) 小林照夫『スコットランド首都圏形成史―都市と交通の文化史論―』成山堂書店,平成8年, pp.128-311.
21) J. S. Jeans, *Jubilee Memorial of the Railway System, A History of the Stockton and Darlington Railway*, 1875, pp. 203-205.

第5章　英米鉄道会社の資金比較研究　119

表 5-7-b　収入・支出・純利益および配当率（1826-1851年）
（Stockton and Darlington Railway）

6月30日に終わる年度	収入 (£ s d)			支出 (£ s d)			純利益 (£ s d)			配当 (%)
1826										2½
1827										5
1828										5
1829										5
1830										5
1831										6
1832										8
1833										8
1834	44,275	13	8	43,492	15	11	782	17	9	6
1835	62,207	10	1	52,794	4	6	9,413	5	7	6
1836	68,795	6	4	56,294	12	0	12,500	14	4	11
1837	72,609	4	10	52,509	6	7	20,099	18	3	11
1838	85,651	17	8	62,648	13	4	23,003	4	4	14
1839	96,388	1	3	70,773	1	5	25,614	19	10	14
1840	120,286	12	7	93,349	19	2	26,936	13	5	15
1841	118,925	0	11	85,065	5	4	33,859	15	7	15
1842	115,321	1	0	82,335	0	2	32,986	0	10	12½
1843	98,394	6	2	71,136	2	9	27,258	3	5	12½
1844	86,250	1	10	65,798	2	9	20,451	19	1	12½
1845	108,341	7	2	74,233	18	8	34,107	8	6	14
1846	98,657	9	5	71,192	15	1	27,464	14	4	12½
1847	114,235	13	9	86,259	8	1	27,976	8	8	12½
1848	135,068	6	5	114,695	13	5	20,372	13	0	10½
1849	147,367	7	4	133,124	9	1	14,242	18	3	
1850	159,120	17	3	130,707	2	0	28,413	15	3	
1851	165,340	18	9	134,747	6	2	30,590	12	7	

（Kirby, *op. cit.*, pp. 88, 181 より作成.）

　ダァリントン出資申込額は30,600ポンドで，クエーカー教徒の資金が充てられていた[22]。その後株主数は増加し，1822年末までに，SDRの株主は69人，応募株式463株（額面100ポンド）に達した。
　クエーカー教徒および銀行家が依然として多い。この傾向は，1823年7月に

22）小松芳喬『鉄道の生誕とイギリスの経済』清明会叢書9，昭和59年，p. 130. 湯沢　威『イギリス鉄道経済史』日本経済評論社，1988年。pp. 13-16.

も続いた。株式数は537株となった。Edward Peaseの持株は35株, Thomas Richardson55株, John Kitching22株と増加した。追加増資による新たな株主は次の通りである。

★Edward Backhouse	銀行家	⎫
★Robert Barclay	銀行家	⎬ 20（集合持株）
★Joseph John Gurney	銀行家	⎭
★Robert Barclay	銀行家	10
★Simon Martin, 家族	銀行員	5
★George Newman	皮革商人	10
★Henry Newman	皮革商人	26
★John Newman	皮革商人	6
Josiah Newman	皮革商人	5
★Thomas Newman	皮革商人	10

（★クエーカー教徒）

以後, 1825年9月の開通までに新たに異質な株主としてロンバート街（Lombert Street）のクエーカー教徒 David Bevan10株, George Stacey（ロンドンの化学者）8株がいる。Pease家はさらに45株を増加している。かくて656株の申込があり, 1823年法による認可資本に達した。いま1825年の収支計算書（Summary Statement）（表5-8）によると土地買収費が最も多く, 次いで可鍛レール（Malleable rails）である。（表5-9）は, 1818年におけるストックトン・アンド・ダァリントン鉄道の株式申込人と株式数を示したものである。

SDRは建設工事の進捗によって株式払入額だけでは資金不足を生じたので, ガニー商会等から約101,000ポンドを短期借入（floating bet）している。少額の借入は一般株主からが多い（表5-10）。なお初年度における諸経費の見積は表11の通りである。

この借入金は1858年には約576,330ポンドに達していた（Kirby, op. cit., p. 156）。

表5-8　収支計算書（1825年7月25日）

Total expenditure : £133,539 10s of which :
Forming the way, excavations, and embankments	19,078
Laying the rails and preparing the way with stones	9,773
Smith and wright work(inciuding waggons, barrows etc.)	9,821
Malleable rails	22,367
Land and damages	24,976
Engineers, surveyors, clerks, etc.	5,542
Committee expenses	184

Total receipts : £133,539 10s 3d of which :
To cash received from the several subscriptions for and on account of their respective shares	65,603	4	0
To cash received at sundry times from Messrs Gurney and Co.as per the company's promissory notes	60,000		
To cash received for interest from different subscribers in arrears	6	2	6
To sundry rents for small detached parcels of land	24	6	0
To cash received for dividends insurance	88	4	10
To cash received from the Earl of Strathmore's trustees towards defraying the expenses of obtaining an Act of Parliament for the Hagger Leases branch	300		
To balance due to treasurer :	7,517	12	11

（Kirby. op. cit., p.49.）

(3) リバプール・アンド・マンチェスター鉄道会社

リバプール・アンド・マンチェスター鉄道会社（Liverpool and Manchester Railway Company, 以下LMRと略称）は，1826年5月議会（Royal Asset, 14 May 1829.）によって認可された。イギリス，したがって世界で最初の公共鉄道として開放された。しかし運転を開始するまでに相当の困難をかかえていた。多額の土地代金や橋梁・トンネル・掘割等の難工事等の費用を必要とし（表5-12），加えて競争運河会社や煙害を恐れる住民の反対運動に多額の補償を要求されていた。[23] かくて最初の見積額300,000ポンドは510,000ポンドとなり，1830年には739,185ポンド，続いて1,224,000ポンド，1837年には1,465,000ポンドとなった。

---

23) Jeans, op. cit., pp. 100-102. 田中文信『近代交通経営論―進歩的交通経理論の展開―』交通日本社，昭和33年，p.44.

表5-9 ストックトン・アンド・ダァリントン鉄道の株式申込人（1818年）

Thomas Meynell, Yarm	£3,000	Rev. W. A. Fountaine, Middleton,	500
Jonathan Backhouse, jun, Darlington	5,000	Mary Pease, jun., Darlington,	100
		William Cudworth, Darlington,	300
William Chaytor, Croft.	3,000	Jos. Pease, jun., Darlington,	100
George Overton, South Wales,	2,000	John R. Fenwicke, Durham,	300
Leonard Raisbeck, Stockton,	1,000	George Middleton, Darlington,	100
Edward Pease, Darlington,	1,000	John Spence, Yarm,	100
William Consett, Brawith,	500	H. Wigham, do.,	100
Richard Miles, Yarm,	500	Jos. Procter, do.,	100
J. Cairns, Yarm,	5,000	J. Ward Sanders, Yarm,	500
R. W. Pierse, Thimbleby.	500	Chris. Stonehouse, do.,	100
Fra. Mewburn, Darlington,	300	Thomas Miles, do.,	100
John Baxter, Darlington,	500	John Heslop, Bownton,	100
Robert Botcherby & Coy., Darlington	200	Matt. Wadeson, Stockton.	100
		Chris. T. W. Dove, Darlington,	100
Matthew Scotson, Haughton.	100	H. Hardinge, Stanhope,	200
John Pease, Darlington,	100	Richd. Blanchard, Esq., Northallerton.	2,000
Edward Backhouse, Darlington,	2,000		
W. Aloane, Leeds,	200	Miss Peacock, Danby Hill,	200
T. B. Pease, do.,	500	Miss E. Storey,	500
John Davison, Darlington,	100	Arthur Sherwood,	100
John I'Anson, jun., do.,	200	Thos. Allan.	100
R. Pickersgill, do.,	100	Thos. Richardson (addl. subscription),	5,000
John Bland, Esq., Brough,	500		
John Mewburn, Whitby,	100	Rev. W. N. Darnell, Stockton,	100
Thos. Clark, Darlington,	200	Richard Stott, Darlington,	100
John Taylor, do.,	100	Benjn. Flounders, Esq.,	5,000
Sam. Crompton, Esq., Woodend,	1,000	Wm. Richmond, Stockton,	200
Charles B. Hamilton, Archdeacon of Cleveland	300	Wm. Skinner, Whitby,	1,000
		Jon. Sanders, do.,	1,700
Messrs H. Newman & Brothers, London	3,000	Jon. Sanders, for Geo. Sanders, Whitby,	500
Richard Jackson, Stockton,	500	Henry Belcher, Esq. Whitby,	100
James Procter (additional subscription)	200	Miss Skinner, do.,	200
		John Holt, do.,	500
Cuthbert Wigham (additional subscription)	100	Henry Simpson, do.,	1,000
		Rd Kirby, do.,	100
Lawrence Ridsdale	100	Wm. Aldane (additional subscription),	300
Thos. B. Pease (additional subscription),	500		
		Alex. Greenhill, Esq., of Van,	100

Edward Pease (additional subscripion),	4,000	Wm. I'Anson, London,	3,000
		S. Bevan, do.,	500
Jos. Gurney, Esq., Norwich,	14,000	Saml. Gurney, do.,	3,000
Edwd. and W.Backhouse (addl. subscription),	3,000	Wm. I'Anson, Darlington,	800
		Wm. Cudworth, do.,	300
Wm. Chaytor. do.,	3,000	Rd. Stamper (addl. subscription),	100
Thos. Richardson, London,	5,000	John Wilkinson, Stockton,	500
John Kitching,	3000	Wm. Braithwaite, do.,	100
Thos. Meynell(addl. subscription),	2,000	John Richardson, do.,	100
Captain Milbanke, Blackwell,	600	Harrison Chiltor, Whitby.	500
Jon. Backhouse (additional subscription),	5,000	Wm. Skinner, Jun, Stockton,	500
		Wm. Watson, do.,	100
Wm. Stamper, Darlington,	500	Moss & Wilson, do.,	100
Richard Stamper, Blackwell,	500	Wm. Jameson, Whitby.	500
Arthur Thistlewaite,	100	Wm. Greenside, do.,	500
B. Bald, Stockton,	100	Geo. Langborne, do.,	500
Thomas Eeles, do.,	100	Andw. Sanders. do.,	300
Wm. Sleigh, do.,	100	John Langborne, do.,	500
Mathew Gibson, Stockton,	500	Wm. Gent, Stockton,	100
G. & W. Wilkinson, do.,	100	Edmund Newby, Stockton,	100
John Richardson (Roper), Stockton,	100	Rev. D. M. Pcacock, Stainton,	1,000
		W. Copeland, London,	1,000
Geo. Ramsden, Stockton,	100	Jas. & J. Backhouse, Darlington,	3,000
John Lumley, do.,	500	Thos. Backhouse, do.,	3,000
Chris. Harburn, do.,	100	Henry Clark, Guisbrough,	200
Robert Stevenson, junr., Whitby,	100	John Jos. Gurney,	2,000
Miss Stevenson, Whitby,	100	William Kitching. junr., Darlington,	500
John Wardell, jun., Whitby.	100	Thos. Miles, Yarm,	200
Nathl. Langborne, do.,	200	Todd. Watt, Co., Stockton,	200
Wm. Holt, Stockton,	500	John Allison,	100
Geo. Lockwood, do.,	100		※£120,900

(J. S. Jeans, *Jubilee Memorial of the Railway System*, 1875, pp. 293-295.)
※文中繰越額は削除した。

表5-10 ストックン・アンド・ダァリントン鉄道の主な借入金(1872年)

Gurney & Company, Lyan,			£40,000
Richardson, Overend, & Company, Loan			20,000
Edward Pease,	do.		895
Thomas Richardson,	do.		10,000
Joseph Pease, jun.,	do.		1,200
Robert Byers,	do.		1,000
Phoebe Ransom,	do.		500
Stephen York,	do.		600
William Kitching,	do.		1,000
Thomas Hardy,	do.		1,000
Balance due to the Treasurer,			10,000
Sundry debts,		£5,000	
Robert Stephenson & Company (for engines),		5,000	
Bishop of Durham,		5,000	
			15,000
			£101,195
To amount of subscriptions,			67,500
Total amount of expenditure,			£169,395

(注) 原文の金額誤記を一部訂正す。

(J. S. Jeans, *His tory of The stockton and Darlington Railway*, p. 300.)

表5-11 ストックトン・アンド・ダァリントン鉄道の初年度の諸経費見積書

Interest on money borrowed,	£4,800
Workmen employed on the way, 25 miles, at £50 per mile,	1,250
Salaries,	1,000
Repairs and contingencies,	2,000
Sundry new work to complete,	2,000
Leading and engines,	3,700
	£14,750

(Jeans, *op. cit.*, p. 300.)

表 5-12 リバプール・アンド・マンチェスター鉄道会社の建設費（1830年）

COST of the whole, including salaries, and anticipated expenses before entire completion, about.	£820,000
The Tunnel cost, including about £10,000 compensation to individuals, for houses, damage, & c. about	44,770
Small Tunnel	2,480
The Sankey Viaduct	45,200
Newton Ditto	5,300
Rainhill Ditto	3,700
Irwell Bridge, a bout	4,500
Chat Moss	27,000
Land, about	130,000
Cuttings and Embankments	200,000
Iron Rails	70,000
Building the bridges, making the road, salaries, waggons, & c. & c. constituted the remaining expenses.	

(James Scott Walker, *An Accurate Description of the Liverpool and Manchester Rail-Way: The Tunnels, the Bridges, and Other Works Throghout The Line*, 1830, p. 42.)

　そのため資本金や借入金を相次いで増額しなければならなかった。1865年における授権資本金510,000ポンド，借入金許容額127,500ポンド，1832年第4次法による追加借入金200,000ポンド，1837年第5次法による追加借入金400,000ポンドとなった。[24] 10％の配当制限があったので増資はできなかったとも云われている。しかし，1836年新たに2,000株を売出し，400,000ポンド資金を調達した。配当制限はフリー・トレイドの原則からはずれるが，反対運動を抑えるためには従わねばならなかった。[25] 1824年および25年におけるLMRの株式申込者のリストはマンチェスター図書館に保管されている。Pollinsは詳細な説明をしていないが，株式申込者381人に割当てられた株式数は2,904⅓株で，うち14人の氏名および株式数は明らかにされていない。ただ数名が複記されていると云うにすぎない。地区別株主数および株式数は次の通りである。[26]

---

24) Francis Wishaw, *The Railways of Great Britain and Ireland*, 1842, p. 187.
25) E. S. Richard, "The Finances of the Liverpool and Manchester Railway Again," *Economic History Review*, 1972, No. 2, p. 289.
26) Harold Pollins, "Finances of the Liverpool and Manchester Railway," *Economic history Review*, 1952-1953, No. 5, p. 91.

地　区	株主数	株式数
ロンドン	126	958
リバプール	164	1,171
マンチェスター	54	592⅔
その他	20	182⅔
合　計	364	2,904⅓

　1825年の第1法案は否決されたが，新調査によって，資本金400,000ポンドから510,000ポンドに増加されたので第2法案が議会によって可決された。Carlsonによると，LMRの建設に反対していたStafford侯が1,000株，その他ブリッヂウォーター公爵等反対者にも申込があり10株を超える株主は81名，10株の株主61名で，株主10名で1,569株を占めた(表5-13)。[27]

　次に示す(表5-14)は，1829年5月14日記載のLMRの法令(Royal Asset)のうち会計帳簿(p.54.)収支計算・配当計算(p.62.)についての規程部分を，会計学徒の参考に資するために抽出したものである。

表5-13　リバプール・アンド・マンチェスター鉄道会社の主要株主(1825年)

Marquis of Stafford, Worsley	1,000
J.B.Pilkington, Liverpool	107
Charles Tayleur,――――	98
R.G.Long, Rood Ashton, Wilts	75
Thomas Richardson, London	75
Lister Ellis, Liverpool	56
Richard Dawson, Liverpool	47
Jos Christopher Ewart, Liverpool	45
Thomas Murdoch, London	35
R.B.Phillips, London	31
	1,569

(R.E. Carlson, *The Liverpool and Manchester Railway Project, 1821-1831*, 1969, p.153.)

---

[27] Robert E. Carlson, *The Liverpool and Manchester Railway Project, 1821-1831*, 1969, p.153.

表5-14 An Act

For making and maintaining a Railway or Tramroad From the Liverpool and Manchester Railway.

(p. 54)

Proceedings of Meetings to be entered in a Book.	And be it further Enacted, That the orders and proceedings of every meeting, as well as of the general and special general meetings of the said Company, as of the Directors, shall be entered in a book or books to be provided and kept for that purpose; and such orders and proceedings, when so entered, shall be deemed and taken to be original orders and proceedings, and shall be allowed to be read in evidence in all courts, and before all Judges Justices and others.
Account to be kept of Receipts and Disbursements.	And be it further Enacted, That the said Company or their Committee shall and they are hereby required from time to time and at all time to order and direct a book or books to be provided and kept by their clerk or treasure for the time being, in which book or books such clerk or treasurer shall enter or cause to be entered true and regular accounts of all sums of money received, paid, laid out and expended for and on account of this Act, and of the several articles matters and things for which any sums of money shall have been disbursed laid out and paid, which book or books shall at all seasonable times be open to the inspection of the said Proprietors in the said Undertaking, or any creditor or creditors on the rates or assessments granted by this Act, without fee or reward; and the said Proprietors in the said Undertaking, and creditors, shall and may take copies of or extracts from the said book or books, or any part or parts thereof, without paying any thing for the same, and in case the said clerk or treasurer shall refuse to permit, or shall not permit, the said Proprietors, or such creditors, or any of them, to inspect the same at all seasonable 16.

(4) ロンドン・アンド・バーミンガム鉄道会社

ロンドン・アンド・バーミンガム鉄道会社（London and Birmingham Railway company, 以下LBRと略称）は，1833年議会によって認可された。その必要性は1825年以来叫ばれていたので，認可を受ける個別法を獲得するために議会対策費72,000ポンド以上，その反対者には約500,000ポンドを贈賄した。[28]

---

28) Hamilton Ellis, *British Railway History*, Part I, 1954, p. 56.

表 5-15

(p. 62.)

Accounts to be made uo Annually.	AND in order to ascertain the amount of the clear profits of the said Undertaking, BE it further Enacted, That the said Company of Proprietors, or their Directors, shall and they are hereby required, from the time of passing this Act, to cause a true exact and particular account to be kept and annually made up and balanced in the month of June in each year, of the money collected or received by the said Company or their Directors or otherwise, for the use of the said Company by virtue of this Act, and of the charges and expences attending the erecting, making, supporting, maintaining and carrying on the said works, and of all other the receipts and expenditure of the said Company or their Directors; and at the general yearly meeting of the proprietors of the said Undertaking to be from time to time holden as aforesaid, or at some adjournment thereof, a dividend shall be made out of the clear profits of the said Undertaking, unless such yearly meeting shall declare otherwise; and such dividend or dividends shall be at and after the rate of so much per centum upon the several sums invested by the members thereof in the joint stock of the said Company, as such meeting or meetings shall think fit to appoint and determine: Provided always, that no dividend shall be declared or paid until the general yearly meeting which shall be holden next after the expiration of twelve calendar months from the passing of this Act; provided also, that no dividend shall be made whereby the capital of the said Company shall be in any degree reduced or impaired, nor shall any devidend be paid in respect of any share or shares after a day appointed for payment of any call for money in respect thereof, until such call shall have been paid.

1845年 LMR を吸収したグランド・ジャンクソン鉄道 (Grand Junction Railway) は、1846年さらにロンドン・アンド・バーミンガム鉄道 (London and Birmingham Railway, 以下略称 LBR) およびマンチェスター・アンド・バーミンガム鉄道 (Manchester and Birmingham Railway, 以下略称 MBR) との合併によってロンドン・アンド・ノースウェスタン鉄道会社 (London and NorthWestern Railway Company, 以下略称 LNWR) となり、ロンドンとバーミンガムさらにリバプールとマンチェスターを結ぶ基幹鉄道会社となるのである[29]。1847年の

---
29) 杉浦, 前掲書, pp. 94-96.

表5-16 ロンドン・アンド・バーミンガム鉄道会社の地区別株主
（1824-1825年）

地　　区	株主数	株式数
ロ　ン　ド　ン	126	958
リ　バ　プ　ー　ル	164	1,171
マンチェスター	54	592 2/3
そ　の　他	20	182 2/3
合　　計	364	2,904 1/3

(Harold Pollins, "Finances of the Liverpool and Manchester Railway," *Economic History Review, 1952-1953*, No. 5, p. 91.)

払込資本11,910,000ポンド，社債6,150,000ポンドであった。なお同鉄道会社は複会計組織を採用した鉄道として会計史上著名である。

　Reedによると，LBRの詳細な株主名簿はHouse of Lords Record Office（HLRO）にあると云われているが，Pollinsは地区別持株を示す（表5-16）にすぎない。初期の株主数はリバプール，バーミンガム，マンチェスターが多く，次いでロンドンである。これを職業別にみると商人，製造業者，紳士等である。専門職や婦人の株主も存在する。1833年の株式申込契約および1837年の表示によると，100ポンド株と25ポンド株とが発行されている[30]。杉浦教授はイギリスの1840年代は鉄道業の合併・買収・賃貸による拡張の時代だと云い，その一例としてLNWR等をあげている。

　（表5-17-a，b）はLBRの地区別株主およびその持株比率を示したものである。

(5) ロンドン・アンド・ウェスタン鉄道グループ

　ロンドン・アンド・ノース　ウェスタン鉄道グループ（London and North Western Railway Group, 以下LNWRと略称）は既に述べたように1846年LMR等4鉄道の合併によって巨大化した鉄道（認可資本約78,000ポンド）である。当時の大都市ロンドンからバーミンガム，マンチェスターからリバプールに通ずる基幹鉄道であった[31]。

---

30) Reed, *op. cit.*, p. 133.
31) Christopher I. Savage, *An Economic History of Transport*, 1959, pp. 61-68.

表5-17-a　ロンドン・アンド・バーミンガム鉄道の地区別株主（1833-1837年）

Area	1833 I	1833 II £000	1837 I	1837 II £000	1833 I %	1833 II %	1837 I %	1837 II %	1833 I	1833 II £000	1837 II £000
Scotland	2	1.5	21	27.1	0	0	1	1	1	0.5	3.1
Irelan 1	22	24.5	43	53.9	2	1	3	2	7	5.5	9.3
North; Yorks.	31	35.5	82	221.4	2	2	5	7	8	9.7	24.6
Liverpool	478	637.4	556	1250.4	33	32	37	40	146	233.0	589.5
Manchester	168	297.9	130	579.9	12	15	9	18	37	61.9	251.0
Westmorland: Lancs.: Ches.*	129	142.3	208	392.3	9	7	14	12	54	59.5	136.9
Birmingham	238	320.8	44	91.0	16	16	3	3	27	54.7	67.0
Midlands*	148	186.2	101	116.1	10	9	7	4	34	43.0	50.4
East	9	4.9	13	4.8	1	0	1	0	3	1.9	1.0
London	171	256.4	144	238.5	12	13	10	8	29	33.9	42.9
South*	14	15.2	25	26.5	1	1	2	1	—	—	—
Wales*	14	16.0	16	30.8	1	1	1	1	—	—	—
West; S. Wales[2]	17	25.6	40	53.1	1	1	3	2	2	4.0	6.9
Foreign	1	1.0	40	36.9	0	0	3	1	1	1.0	1.3
Unplaced	14	17.0	28	30.1	1	1	2	1	8	10.5	7.3
TOTAL	1456	1982.2	1491	3152.5	100	100	100	100	357	519.1	1191.1

Total for 'interested' area: London; Herts.; Bucks.; Beds.; N'thants.; Warw'ks.; Staffs.

| | 493 | 672.2 | 234 | 362.6 | 34 | 34 | 16 | 12 | 74 | 106.8 | 125.1 |

Maintained holdings as % of all holdings;

	I %	II %		I %	II %
1833	25	26	1837	24	38

表5-17-b　（1836年2月）

Area	Shares	%
London	1811	7
Birmingham	884	4
Liverpool	10299	41
Manchester	4973	20
Lancs. and Cheshire	2323	9
Scattered	4191	18
Ireland	439	2
Scotland	80	0
TOTAL	25000	100

(M. C. Reed, *Investment in Railways in Britain, 1820-1844*, 1975. pp. 134-135.)

株主は主としてリバプール出身者から成っていた。Reed は，大株主としてレブソン‐ゴア家（Leveson-Gower family）の1826年102,000ポンド，1845年172,250ポンドをあげている[32]。しかし，マンチェスターからの株主は比較的少ない。

LNWR は，1868年の鉄道規制法（Regulation of Railway Act）によって制度化された財務諸表を開示しているが，その根源にはアダム・スミス等イギリス古典派経済学からの影響がみられる。その中核となるのは資本収支計算書（Receipts and Expenditure on Capital Account）の開示であり，それは運転資本と一般貸借対照表（General Balance Sheet）との連結環が支えとなっている。それは後日における資金計算書やキャッシュフロー計算書への流れをなしている。したがってアメリカでは，イギリスのような複会計組織は存在する必要はない[33]。いまひとつは，アメリカ鉄道会社の出資者として，連邦政府や州もしくは自治体からの資金提供があり，そのため会計上多くの制約を鉄道会社の財務作業に課したのである。

(6) イギリス鉄道会社の資金源泉上の特徴

初期におけるイギリス鉄道会社の資金の調達は，株主による株式払込額と社債による資金の調達である。そこには政府や行政当局による制約は存在しない。したがって株主の多くは利子や配当，土地の値上がりを目的とする利己的動機によって投資するものが多い。郷土愛や宗教心による動機づけもあろうが，経済的動機を避けて通るものではない。したがって初期におけるイギリス鉄道会社の資金の源泉は，株式会社本来の目的である自己資金（株式・社債）を中心とするもので，アメリカの鉄道会社にみられるような連邦政府や自治体の資金援助を期待するものではない。自由放任思想に刺激された経済的自由主義は，配当政策のために会計政策を勝手に選択し，放漫な財務諸表を粉飾していた。

T. C. Barker and C. I. Savage, *An Economic History of Transport in Britain*, 1974, pp. 93-94. 大久保哲夫訳『英国交通経済史』泉文堂，昭和53年，p. 110.

32) Reed, *op. cit.*, p. 119.

33) A. M. Sakolski, "Control of Railroad Accounts in Leading European Countries," *Quarterly Journal of Economics*, 1910, p. 480.

かくて取締役の恣意的な行為を制約するために1868年の鉄道規制法が出現した。これがいわゆる複会計組織（double account system）である。この組織は，1844—1846年の鉄道狂時代の取締役たちにより創業者利得を得るために行われた株式価格操作を規したもので，ここから full and true accout の会計理論が生まれたのである。この点，アメリカの連邦・州等自治休による規制の強化と基本的に異なるものとなっている。

III　アメリカ鉄道会社の資金の調達

1　アメリカの水路と運河会社の資金調達

　アメリカは水路が豊かであったので，イギリスより遅れて開発された。大陸内の輸送は有料道路によって賄われていたが，荷馬車では高価につくので，水路や運河を利用することによって輸送費は10分の1ないし20分の1に減らすことができ，運河時代を迎えることになった。その先鞭をつけたのがエリー運河（Erie Canal）である。エリー運河は1816年議会によってその建設が認可され，1825年に開通した。五大湖からニューヨーク州に至る363マイルの長路で，その建設資金710万ドルの殆んどはニューヨーク州の財政的援助によるものであった。

　ミシシッピ河（Mississippi R.）は自然の水路として早くから利用されていた。とくに五大湖の通商が急速に拡大し，多くの船舶が使用されていた。タナー（Tanner）によると，1833年ニューヨーク州における運河の総マイル数は931.25であるが，鉄道のそれは670.11マイルにすぎないと述べている。[34]

　アメリカでは，アダム・スミスによる経済的自由主義と伝統的な政治的民主主義が支配的であったので，人びとは内陸交通に関心を持つことを余り歓迎せず，水路や運河への投資は連邦や州政府が介入せねばならなかった。この頃イギリスでは運河会社への投資ブームが起こっていたので，ニューヨーク州での運河債投資は重要な意味を持っていた。

---

[34]　Henry S. Tanner, *A Description of the Canals and Railroads of the United States*, 1840, pp. 50-70. 加勢田博『北米運河史研究』関西大学出版部，平成5年，p. 149.

エリー運河は，エリー湖畔のバッファロー（Buffalo）からニューヨーク市まで完成していたが，その総株主261人のうちの大部分はニューヨーク市の商人，実業家および銀行家であった。したがって会社の経営者たちはニューヨーク市の商人が占めていた。かくてニューヨーク市は世界の商業上の大都市となった。当時のアメリカではこのような大事を成功させるに十分な資金を調達することは極めて困難であった。かくて運河会社はニューヨーク州に援助を求めることになった。1795年の州法によって，政府はこの会社の株式を1株50ドルで200株（全体の¼）購入し，筆頭株主となった。そのうえ会社の財産を抵当にして37,500ドルの貸付も行っている。さらに州政府はオランダ土地会社（Holland Land Company）に対しても資金援助を要請した。[35]

エリー運河によって開発されたニューヨーク州の繁栄に対抗する河川と，西部地区を諸河川経由で五大湖に結びつけることによって，さらに北東部に連結しようとする運河が生じた。

1830年までにアメリカの水路は1万マイルが立案され，うち1,277マイルが建設されていた。1830年代には2,000マイル以上が追加建設され，1840年代には125,000,000ドルが運河に投資された。[36] これらの運河のうち主要なものをあげると次のものがある（表5-18）。

ペンシルヴェニア・メイン・ライン運河（Pennsylvania Main Line Canal），チェサァピーク・アンド・オハイオ運河（Chesapeake and Ohio Canal），ジェイムス・リバー・アンド・カナウ運河（James River and Kanawha Canal），オハイオ・アンド・エリー運河（Ohio and Erie Canal），イリノイ・アンド・ミシガン運河（Illinois and Michigan Canal），ウォバシュ・アンド・エリー運河（Wabash and Erie Canal），ウェアランド運河（Welland Canal），マイアミ・アンド・エリー運河（Miami and Erie Canal）等々である。[37]

---

35) Nathan Miller, *The Enterprise of a Free People, 1792-1838*, 1962, pp. 24-25. 加勢田，前掲書，pp. 60-61.
　　資金不足を補うために，「運河基金委員会」（Commissioners of the Canal Fund）は，1817年から1824年までに約740万ドルにのぼる運河債発行による借入金を認めている。加勢田，前掲書，p. 72.
36) P. S. Bagwell, G. E. Mingay『比較経済史イギリスとアメリカ　1850-1929』東井正美・石田正二・加勢田博訳，ミネルヴァ書房，1972年，p. 43.

表5-18 アメリカ運河投資の源泉と地域（1817-1860年）

(100万ドル)

投資元＼地域	北東部	南 部	西 部	合 計
政 府 （州）	88.8	2.5	29.8	121.1
私 的 資 本	52.5	17.2	3.8	73.5
合 計	141.3	19.7	33.6	194.6

(加勢田 博『北米運河史研究』関西大学出版部，平成5年，p.15. ただし出所は H. J. Cranmer, *Canal Investment, 1815-1860.*)

　以上要するにアメリカ運河の資金源泉上の特徴は，イギリスの運河が私的な経営による「利益追求型」であるのに反し，アメリカでは多くの場合州もしくは連邦政府の資金に依存する「開発援助型」ないし「公的資金援助型」であったと云えるであろう（表5-18)。[38]

　アメリカの運河建設に際して資金調達に決定的な役割を果たしたのは州政府と連邦政府であった。[39] とくに連邦政府は西部の運河会社に対して450エーカーにのぼる公有地を与えている。

2　アメリカ鉄道会社の資金調達

　アメリカでは内陸水路輸送が発達しており，鉄道よりも水路や運河を利用していた方が安上がりであったので，運河に鉄道がとって代わるのは1860年以降であると云われている。

　運河輸送の対象は木材のような比較的低価格の重量品であり，また五大湖周辺の農産物であった。エリー運河と競争関係にあったニューヨーク・セントラル鉄道（New York Central Railroad）は1853年開業していた。輸送品はエリー運河とは異なって比較的高価な産物を取扱っていたが，漸次工業製品を輸送することになった。鉄道はスピードと正確さでやがて運河との競争に打ち勝つことになった。ニューヨーク州政府の財政は運河収益と通行料収入とによって

---

[37]　鈴木圭介編『アメリカ経済史』東京大学出版会，1972年，p.265.
[38]　東井ほか訳，前掲書，p.43.
[39]　私的資本による唯一の例外は，デラウェア・アンド・ハドソン運河会社（Delaware and Hudson Canal Company）であると云われている。加瀬田，前掲書，p.32.

逐年増加していたが，1837年の恐慌，続いて1857年の恐慌，それに鉄道輸送の競争もあって，州政府の財力も運河の収益力も衰退するに至った。

　アメリカでの最初の鉄道は，1830年に開通したボルティモア・アンド・オハイオ鉄道会社（Baltimore and Ohio Railroad Company，以下 BOR と略称）である。同鉄道は1827年，ボルティモアからオハイオ河畔までの鉄道建設の認可をメリーランド州政府から得て同年7月から着工し，1830年その一部23マイルを開通している。BOR の成功は大西洋岸諸都市を刺激し，各州議会がこれを支持して多くの鉄道会社に建設の認可を与えた。しかし，1837-1838年の恐慌によって損失を蒙り，商人や利用者は為政者と鉄道経営者との結託に不信感を持ったので，鉄道の認可先には多くの規制が加えられるようになった。かくて不足資金は州がそれを援助せねばならなくなった。

　たとえば BOR は認可資本金5,000,000ドル，払込資本金1,000,000ドルであったが，追加払込金4,000,000ドルは個人株主から3,000,000ドル，残額1,000,000ドルはボルティモア市とメリーランド州からの払込であった。1833年ワシントン支線建設の申請に対し，認可条件として旅客からの収入に対し$\frac{1}{5}$を州に納入することとされ，1,016,800ドルを納めている。1838年にはバージニア州から路線拡張の見積資金として株式払込の申込を受けている。[40] 以下は各幹線鉄道の資金の実態分析である。

(1) ニューヨーク・セントラル鉄道会社

　ニューヨーク・セントラル鉄道会社（New York Central Railroad Company）は，ニューヨーク州の主都オールバニ（Albany）からエリー湖畔のバッファロー（Buffalo）までの約530マイルと多くの支線（1853-1869年）を統合して740マイルをシステム化した基線鉄道会社である。支線の一部モホーク・アンド・ハドソン鉄道会社（Mohawk and Hudson Railroad Company）の株式募集について，Steven の著書に基づき森教授は次の通り述べている。

---

40) Henry Varnum Poor, *History of the Railroads and Canals of the United States of America*, 1860, pp. 578-579. Lewis H. Haney, *A Congressional History of Railroads in the United States*, Volume I, 1908, reprinted ed. 1963, pp. 125-126.

「応募者を得たあとも，払込がすすまず30万ドルの払込が完了したのは，ようやく1831年6月であった。全3,000株を引受けた株主数はわずか33人。100株以上を引受けたのは Featherstonhaugh の621株を筆頭に……12人である。……1831年9月の鉄道開設の時点には，100株以上の所有者7人，その持株669と減少している」[41]不足資金はオールバニ市から社債の発行や贈与による援助を受けている。合同会社の Tonawanda Railroad Company も政府援助を受けている[42]。なお新会社ニューヨーク・セントラル鉄道会社の発足時には新旧株式の交換があるが，その Balance Sheet には合同会社の減債基金（Sinking Funds）として次の通り掲記している[43]。

    Sinking Funds:
     Buffalo and Rochester Rr.………… 24,348.46
     Rochester and Syracuse Rr. ……… 71,652.23
                96,000.69

(2)　ニューヨーク・アンド・エリー鉄道会社

 ニューヨーク・アンド・エリー鉄道会社（New York and Erie Railroad Company）は，ニューヨーク市からエリー湖畔に至る鉄道会社で，1832年1月ニューヨーク州知事の認可状を得て設立された[44]。しかし，知事の認可状にはいろいろの制約が付されていた。たとえば終着ダンカーク（Dunkirk）駅には2,000エーカーの土地の贈与がなされ，建設に当たって必要な調査費を州が負担するというものであったから，会計報告等も制約された。森教授は「州からの援助の条件として議会に正確な財務報告の義務を負った」[45]と述べている。鉄道の建設資金の調達も困難を極めたようである。1835年には株式23,621株を集め，5％の払込（118,105ドル）に続いて追加払込がなされたが，払込の要請

---

41)　森稿「ニューヨーク・セントラル鉄道会社の成立」北海道大学『経済学研究』第29巻第3号，p. 62. Frank Walker Stevens, *The Beginnings of the New York Central Railroad*, 1926, p. 24.
42)　森，前掲書，p. 81.
43)　Stevens, *op. cit.*, p. 382.
44)　森稿「ニューヨーク・エリー鉄道会社の建設」北海道大学経済学部『経済学研究』第38巻第4号，p. 6.
45)　森，前掲書，p. 17.

に対して脱落した者も多く，1840年末には約21,000株，払込15％で380,000ドル，続いて41年には5％の追加払込を要請している[46]。かくて初代社長Eleazar Lordは失脚し，替わって副社長James Bowenが社長となった。この急場を救うために州株（State Stock）が発行された。しかし，州株の利子も底を突き，市価も低落し，1842年破産することとなった。しかし，州政府は州内発展のためイギリスの投資家を意識して社債（bond）の発行を認めることになった[47]。一般に当時の鉄道会社は社債の発行から工事の進行，資金の使用に至るまで州政府に報告し，また監視された[48]。株式の水増（watering）によって資金の不足を補ったが，それでも資金不足は避けられなかった。南北戦争や1849年の証券ブームによって鉄道は救われ，1851年全路線が完成された。ニューヨーク・アンド・エリー鉄道の再生である。

Ⅳ 政府等による鉄道会社への援助

1 連邦政府による土地付与

19世紀前までのアメリカの運河の場合には，連邦および州政府による資金の援助が行われたが，鉄道に対しては内部開発のための連邦政府による土地付与（land grant）がある[49]。

次いで自治体による州有鉄道の建設・運営・株式・社債の引受・鉄道への資産税または所得税の減免等がある。さらに，一般に見失われている側面としては，陸軍のエンジニア出身者による援助がある。

鉄道会社に対して連邦政府の公有地を付与せよという要求は1830年代に始まったが，その具体化は1851年に認可されたイリノイ・セントラル鉄道（Illinois Central Railroad）から始まる。

公有地付与政策は1850年に可決されたAn Act the Right of Way, and mak-

---

46) 森，前掲書，p.20.
47) 森稿「エリー鉄道とウォール街」札幌大学『経済と経営』第20巻第1号，p.64.
48) James L. Boockholdt, "Influence of Nineteenth and Early Twentieth Century Railroad Accounting on Development of Morden Accounting Theory," The Academy of Accounting Historians, *Working Paper Series*, Volume II, Working Paper 21-40.
49) Poor, *op. cit.*, pp.578-579. Haney, *op. cit.*, pp.125-126.

ing a Grant of Land to the State of Illinois, Mississippi, and Alabama, in aid of th Construction of Railroad from Chicago to Mobile によるものである。

Donaldson は，この法律によって，1872年までに，155,504,994.59エーカーの土地を付与されたと述べている。[50]

イリノイ・セントラル鉄道では2,595,035エーカーの土地を，大陸横断鉄道を完成した Union Pacific Rr. と，Central Pacific Rr. には，鉄道1マイルにつき20平方マイルの土地を付与している。これらの土地はインディアンやメキシコ人から収奪したもので，広大な森林や石炭・鉱石その他の鉱床の埋蔵物があり，鉄道会社はその所有者となった。両鉄道は政府の補助金として，鉄道1マイルに付き平坦地で16,000ドル，丘陵地で32,000ドル，山岳地で48,000ドルを与えられていた。このように鉄道会社は，資本の有機的構成を高め，追加資本の不足を金融市場に求め，不健全な財政状態を持つ鉄道会社を増設させたのである。[51] かくて公有地を持つ各州は付与申請を行い，1850年には総面積13,901,657エーカーに達した。[52]

2 州等地方自治体による援助

生田保夫助教授によると，州政府の援助政策として次のごとくあげている。

(1) 州政府が有営する公共事業として投資する形態。
(2) 部分投資に基づく混合事業の形態。
(3) 民間鉄道社債の引受および政府保証，その他の一般貸付。
(4) 現金補助，州公債の贈与。

同助教授は各種の鉄道会社への援助を例示しているが省略する。

地方自治体としての独自の立場から鉄道会社への援助である。例示としてボルティモア・オハイオ鉄道等がある。

---

50) T. Donaldson, *The Public Domain*, 1884, pp. 269-279. 生田保夫『アメリカ国民経済の生成と鉄道建設』泉文堂，昭和55年，pp. 36-41.
51) エリ・ア・メンデリソン著，飯田貫一・平館利雄・山本正美・平田重明訳『恐慌の理論と歴史』第3分冊，青木書店，昭和35年，pp. 57-60. 中村萬次『恐慌と会計―鉄道会計史の視座―』晃洋書房，1997年，p. 130.
52) 生田，前掲書，p. 57. 辻圭吉『米国鉄道歴史物語』蛍印刷，昭和61年，p. 104.

土地付与政策は，南北戦争後さらに一般的になった。太平洋地区の鉄道会社の多くは路線1マイルにつき土地20セクションを受取った。ノーザン・パシフィック鉄道（Northern Pacific R.）は，建設1マイルごとに40セクションを申し込んでいる。

自由払下の政策は1871年まで続いた。連邦政府は1億3,135万534エーカーの公有地を鉄道会社に引渡し，州によって与えられた48,883,372エーカーを加えると，合計面積は今日のフランスの面積の13％を超えるといわれている。[53] 1943年までにアメリカの鉄道会社は131,350,534エーカーの土地を無償で受取っている。うち90％はミシシッピー州の西部地区の鉄道であった。[54]

3 陸軍技術者による援助

アメリカの鉄道会社は早くから陸軍のエンジニアの援助を受けていた。アメリカ最初の公共鉄道（1827年認可）であるボルティモア・アンド・オハイオ鉄道では初期から R. Edward Hazzard や W. Beverhout Thompson 等による陸軍の退職技術者の援助を受けていた。[55]

1832年から1836年の間に，少なくとも20鉄道は陸軍から技術者の援助を受入れてアメリカ鉄道の発達に貢献している。1836年には117人の鉄道職員を軍から受入れている。南北戦争に当たっては軍の要請に従い，1862年8月にはボルティモア・アンド・オハイオ鉄道では，軍人5,000人，馬匹1,100頭，大砲12門，兵器270を輸送している。[56] 当時のアメリカでは West Point の Military Academy を除いて技術専門学校は存在しなかったので，鉄道建設工事を担当するためには数学者やエンジニアを多数獲得する必要があった。そのため連邦政府や他の鉄道から経験者を監督者として高給で迎えねばならなかった。[57] エリ

---

53) John F. Stover, *American Railroads*, 1971, First Edition, pp. 88-89. 鈴木圭介・中西広次稿「アメリカ資本主義の発展と鉄道業（一）」『社会科学研究』東京大学社会科学研究所，第3巻第2号，昭和46年，p. 35.
54) *Ibid.*, Second Edition, 1997, p. 82.
55) Robert G. Angevine, *The Railroad and the State: War, Business, and Politics in the United States to 1861*, 1999, p. 159.
56) Angevine, *op. cit.*, p. 219, note.
57) 中村萬次『米国鉄道会計史研究』同文舘出版，平成6年，p. 22.

一鉄道の総監督 Daniel C. McCallum やペンシルベニア鉄道の総管区長 Herman Haupt, イリノイ・セントラル鉄道の George B. McClellan 等がその例である。[58] ユニオン・パシフィク鉄道では，もとアメリカ軍東部地区陸軍司令官であった John A. Dix 将軍を迎えたが，高齢で名義だけの社長にすぎなかった。

軍の技術者たちは，土木工学によって鉄道会社に貢献しただけでなく，経営管理者として原価計算や内部管理に重要な役割を果たした。

Angevine の学位請求論文によって1835年から1838年まで鉄道会社に就職した陸軍の職員をあげると（表5-19）の通りである。[59]

陸軍の技術者がアメリカ鉄道会社の発展に貢献したのは1830年以前からで，鉄道だけでなく，レールの net work，シグナル（Single-track line），レールやゲイジ（gauges）の統一を南北戦争前には開発している。Angevine はエリー鉄道の McCallum やペンシルベニア鉄道の Haupt のごとく，エンジニアたちが1850年代を通して「陸軍と鉄道関係」（army-railroad relations）に大きく貢献したと指摘している。[60] かくて南北戦争を通して，陸軍は鉄道会社をコントロールし，合衆国の統一をもたらしたと云えるであろう。

4 アメリカ鉄道会社の資金源泉上の特徴

アメリカの大陸では早くから多くの河川を利用して水路と運河で輸送され，しかもそのコストが安かったので，鉄道の発達は1860年以降になった。リバプール・アンド・マンチェスター鉄道の成功はニューヨーク市民に刺激を与え，ニューヨーク・セントラル鉄道やニューヨーク・アンド・エリー鉄道等の開発をもたらした。しかし，これらの鉄道会社は河川や運河会社と同様に資金不足に悩

---

58) 1836年，Western Railroad は難工事のために，West Pointers から2名を雇用した。うち1名 McNeil をチーフにした。4年契約で10,000ドル，初年度年俸4,000ドル，2年度以下5,000ドルであった。ちなみに社長 Bliss の年俸は1842年に2,000ドルから3,000ドルに引上げるのに投票にまで持ち込んだ。

 R. C. Salsbury and R. T. Salsbury, *The State, the Invester, and the Railroads : The Boston & Albany, 1825-1867*, 1967, pp. 159-161.

59) 1806年から1870年までの鉄道会社とアメリカ陸軍との共同作業については，K. H. Hoskin and R. H. Macve, "The Genesis of Accountability : The West Point Connections," *Accounting, Organizations and Society*, Vol. 13, No. 1, 1988, pp. 37-73 参照。

60) Angevine, *op. cit.*, pp. 218-219. Hoskin and Macve, *op. cit.*, p. 60.

表 5-19　鉄道に就職した陸軍の職員（1835-1838年）

氏	名	年度	鉄　道　会　社
Goode	Bryan	1835	Augusta & Athens(GA)RR
John	Childe	1835	York & Wrightsville(PA)RR
James N.	Ellis	1835	Philadelphia & Reading RR
Herman	Haupt	1835	Norristown & Valley(PA)RR
John H.	Alien	1836	New York & Erie RR
James	Barnes	1836	Western RR
Horace	Bliss	1836	Baltimore & Susquehanna RR
Thompson S.	Brown	1836	Buffalo & Erie RR
Alfred	Brush	1836	Michigan Central RR
Archibald	Campbell	1836	Louisville, Cincinnati, & Charleston RR
Alexander J.	Center	1836	Detroit & St. Joseph RR
Richard W.	Colcock	1836	Louisville, Cincinnati, & Charleston RR
Thomas J.	Cram	1836	Railroads in MD and PA
Alexander P.	Crittenden	1836	Baltimore & York RR
Charles	Dimmock	1836	Danville & Wytheville RR
Benjamin S.	Ewell	1836	Baltimore & Susquehanna RR
Henry W.	Fitzhugh	1836	Baltimore & Ohio RR
Rufus	King	1836	New York & Erie RR
John H.	Martindale	1836	Saratoga & Washington(NY)RR
Willam R.	McKee	1836	Louisville, Cincinnati, & Charleston RR
Robert M.	Renick	1836	Washington & Raleigh(NC)RR
Richard S.	Smith	1836	Philadelphia & Columbia RR
Andrew	Talcott	1836	New York & Erie RR
Lloyd	Tilghman	1836	Baltimore & Susquehanna RR
William B.	Wallace	1836	Baltimore & Susquehanna RR
Charles J.	Whiting	1836	Pensacola & Blakely(AL)RR
James S.	Willieams	1836	Louisville, Cincinnati, & Charleston RR
Robert H.	Archer	1837	Baltimore & Ohio RR
James F.	Cooper	1837	Western & Atlantic RR
Alfred	Herbert	1837	Louisville, Cincinnati, & Charleston RR
George W.	Morrell	1837	Louisville, Cincinnati, & Charleston RR
Franklin	Saunders	1838	Louisville, Cincinnati, & Charleston RR

（Robert G. Angevine, *The Railroad and the States, War, Business and Politics in the United States to 1861*, 1999, p.160.）

　まされていたので，連邦や州政府等の自治体の資力に頼らなければならなかった。連邦や自治体は資金を提供する見返りに多くの規制を行った。それでも鉄道会社はその規制を守らなければ建設どころか破産にも追い込まれることは明らかである。イギリスの鉄道会社ではこれに反し，株主による株式の払込や社

債による調達が主力であった。CarterやJackmanが指摘する通りである。連邦政府による土地の贈与や陸軍技術者による援助も見逃してはならないであろう。

V 結　語

　イギリスの鉄道会社は，1868年の鉄道規則法によって「正確な財政状態」（exact financial position）の表示を義務づけられた。これが所謂「複会計組織」（double account system）と呼ばれるものである。イギリスで規定されたこの組織の規定が，なぜアメリカの鉄道会社では要請されていないのかについては，多くの論者はその計算技術的解明を行っているだけで，その根拠については明らかにしていない。当時のイギリスの鉄道会社では，アダム・スミスの自由主義思想によって鉄道会社の重役たちが鉄道ブームに便乗して恣意的な財務報告を行ったが，多くの投資者はそれによって会社財政が脆弱化したと考えたのである。アメリカの鉄道会社はこれと異なり，河川および運河会社の場合，伝統的に資金不足に見舞われていたので連邦または州政府等の地方自治体からの援助を仰いでおり，それが鉄道会社にも引継がれていたことから，財務報告等についての公的規制が強要されていたため，その必要はなかったというのが，その根拠なのである。

… 索　　引

〔事 項 索 引〕

[あ]

Accountancy ……………………………… 5
Amortizafion ……………………………… 4

[い]

出雲帳合 …………………………………… 16
一般貸借対照表 …………………………… 70
インフレーション ……………………… 3, 13

[う]

Wear and tear …………………………… 39
運河会社 ……………………… 110, 111, 114, 132
運賃戦争 …………………………………… 82
運転資本 ………………………………… 61, 115
運輸報告書 ………………………………… 78

[え]

営業費 …………………………………… 116
営業費比率 ………………………………… 82
営業報告 ………………………………… 4, 5
Erie War ………………………………… 93
エンジニア …………………………… 137, 139

[お]

Obsolescence ……………………………… 41

[か]

会計 ………………………………………… 4
会計監査 …………………………………… 97
会計検査 …………………………………… 77
会計史 …………………………………… 4, 5
会計帳簿 …………………………………… 97
会計理論 …………………………………… 13

階差機関 …………………………………… 19
開示 ………………………………………… 4
貸方 ………………………………………… 13
加速償却 …………………………………… 3
合本資本計算書 …………………………… 70
可動式蒸気機関車 ……………………… 117
稼得力 ……………………………………… 65
株式 …… 14, 91, 95, 102, 109, 111, 114, 117, 120,
　　　　　125, 129, 131-133, 137
株主 ……………… 91, 113, 115, 120, 129, 131, 136
借方 ………………………………………… 13
監査人 ……………………………………… 97
管理会計 ………………………… 16, 17, 61, 83
管理組織 …………………………………… 76
管理部門 …………………………………… 77

[き]

機械減価償却費 …………………………… 47
議会対策費 ……………………………… 127
機関車 ……………………………………… 4
機関車消費燃料比較表 …………………… 80
基金 …………………………………… 63, 88
擬制資本 ……………………… 14, 15, 85, 102
機能資本 ………………………………… 14, 15
機能的職長制度 …………………………… 29
Capital …………………………………… 91
恐慌 …………………………… 38, 98, 104, 115, 135
虚偽 ………………………………………… 97

[く]

偶発事故 …………………………………… 63
クエーカー教徒 ……………………… 113, 117-120
繰延税金資産 ……………………………… 15

[け]

経費…………………………………………38
結合原価……………………………………76
決算制度………………………………………3
原価…………………………………………30
原価意識……………………………………78
原価計算……17, 22, 23, 26, 27, 46, 47, 52, 53, 58, 76, 83
減価償却………………25, 40, 58, 59, 62, 70, 76, 78
減価償却基金……………………………61, 62, 66
減価償却率…………………………………42
原価引下げ……………………………50, 51
限界理論……………………………………51
現金…………………………………………14
現金支出計算書…………………………117
現金収支計算書……………………………59
現金主義会計………………………………58

[こ]

広告費………………………………………50
高賃金政策…………………………………82
工程別原価計算………………………35, 44, 47
衡平法裁判所………………………………87
神戸商業講習所……………………………76
固定資産……………………………………78
固定資本………………………………40, 61
固定投資……………………………………76
固定費………………………………25, 97, 115

[さ]

債務…………………………………………91
債務証書……………………………………72
財務会計……………………………………17
財務諸表………………………58, 61, 70, 131
財務報告書………………………………113
材料費………………………………………34

[し]

Share…………………………………………91
Shareholder…………………………………91
時価主義会計………………………………3
仕損…………………………………………39
実際価格……………………………………63
実際原価計算………………………………48
支配の利潤………………………………106
資本…………………………………………14
資本収支計算書………………70, 72, 74, 131
資本準備金…………………………………14
資本の有機的構成………………………138
資本利益率……………………………49-51
借入金……………………………………117
借入金および負債計算書…………………56
社債……14, 59, 73, 91, 95, 97, 102, 109, 115, 129, 131, 136, 137
社債勘定計算書……………………………70
車輛…………………………………………91
車輛原価償却準備金………………………63
車輛更新基金………………………………62
州株………………………………………137
収支計算書……………………………120, 121
自由地払下………………………………139
受権資本金…………………………………92
商法講習所……………………………………6
剰余価値……………………………………37
仕訳帳…………………………………10, 14
Sinking Funds……………………………136

[す]

Stock……………………………………14, 91
Stock-holder………………………………91
スペキュレーション……………………106

[せ]

製造間接費…………………………………47
製造経費……………………………………32

[そ]

創業者利得………………………………132
操作………………………………………132
損益計算書………………10, 11, 70, 74
損壊…………………………………………62

[た]

貸借対照表……………10, 11, 58, 59, 74, 131
退職年金基金協会…………………………80
大福帳…………………………………………6
time study…………………………………35
大陸横断鉄道…………………………99, 138
多角化組織…………………………………78

索　引　145

[ち]

知的財産……………………………15
帳合………………………………10
『帳合之法』………………………6
直接税……………………………50
賃金………………………………34
陳腐化……………………58, 66, 70, 76

[て]

deterioration……………………62
鉄道精算所………………………81
鉄道帝国………………………99, 103
デフレーション…………………3, 13
depreciation……………………41
転換社債…………………………95

[と]

投機…………………………106, 114
投資……………………14, 106, 111, 113
道床更新基金……………………67
土地の贈与………………………136
土地付与…………………………137
土地補償…………………………116

[に]

人間関係…………………………30

[は]

配当……3, 58, 63, 66, 70, 76, 81, 82, 99, 106, 110-112, 114, 118, 119, 125, 131
伯耆製鉄業者の帳簿……………10
破損………………………………39
Partnership………………………88
払込前受金………………………59
Balance Sheet……………………136

[ひ]

非直接支出………………………24

[ふ]

複会計組織………109, 129, 131, 132, 142
普通株……………………………97
Prime Cost………………………32

プーリング………………………81
粉飾……………………3, 15, 105, 106, 131

[ほ]

簿記………………………………4, 54
簿記史……………………………4
保守主義…………………………13

[ま]

『馬耳蘇式記簿法』………………6

[み]

水増……………………85, 97, 98, 106, 137
見積原価…………………………61
見積原価比較……………………84
Military Academy………………139

[も]

元帳………………………………10, 87

[ゆ]

有価証券証価損…………………3
有形固定資産……………………4
有効価値………………………64, 65, 84

[よ]

予定原価計算……………………48

[ら]

ラダイトの暴動…………………52

[り]

利益準備金………………………14
陸軍と鉄道関係…………………140
流動資本………………………40, 70
旅客運賃収入比較表……………79

[れ]

レール……………………4, 66, 120, 129

[ろ]

労働対象…………………………34
労務管理…………………………78
労務費……………………………34

〔人名索引〕

[A]

足立　浩 ·· 62
Adams, Jr., C. F. ······································· 85
Adler, Dorothy R. ····································· 97
Aikin, Albert J. ·· 92
Aldcroft, Derek H. ·································· 110
Alien, John H. ······································· 141
Alystyne, John ·· 92
Ames, Charles Edgar ······················ 99, 102, 105
Ames, F. L. ·· 100
Amherst, Duke ·· 54
Anderson, E. A. ······································· 31
Angevine, Robert G. ··························· 139-141
Archer, Robert H. ··································· 141
Atkins, Elisha ······································· 100
科野孝蔵 ·· 10, 11

[B]

馬場克三 ·· 40
Babbage, Benjamin ··································· 19
Babbage, Charles ······························· 13, 19-52
Backhouse, Edward ································· 120
Backhouse, J. ·· 118
Bagwell, Philip S. ······························· 81, 133
Bailis, A. B. ··· 92
Baker, Ezra H. ······································· 100
Barclay, Robert ····································· 120
Barker, T. C. ·· 131
Barnes, James ······································· 141
Battersby, Thomas ···································· 26
Becker, Morton ·· 41
Bevan, David ·· 120
Biot, Edouard ··· 22
Bishop of Durham ·································· 124
Bliss George, Jr. ···································· 140
Bliss, Horace ·· 141
Boock holdt, James L. ······························· 137
Booth, Henry ······························· 83, 84, 115
Bowen, James ······································· 137

Braga, Vincente E. ···································· 11
Brands, H. W. ·· 87
Brief, Richard P. ····································· 58
Brooks, Horace ······································· 92
Brown, Thompson S. ······························· 141
Browne, J. H. Balfour ···························· 59, 66
Brunel, Isambard Kingdom ························· 20
Brush, Alfred ······································· 141
Bryan, Goode ·· 141
Bryant and Stratton ···································· 6
Buckland, R. P. ····································· 100
Byers, Robert ······································· 124

[C]

Cammack, Addison ································· 104
Campbell, Allan ······································ 92
Campbell, Archibald ······························· 141
Carlson, Robert E. ······························ 84, 126
Carter, Ernest F. ································ 117, 142
Cawkwell, William ··································· 83
Center, Alexander J. ································ 141
Chancellor, Edward ······················ 90, 95, 96, 106
Chandler, Alfred D. ····························· 62, 102
Chatfield Michael ···································· 26
千葉準一 ··· 13, 16
Childe, John ··· 141
Church, A. Hamilton ································· 24
Clark, Horace F. ······································ 92
Clark, Silas H. H. ······························· 98, 100
Clarke Edwin ·· 80
Cleathe, Captain J. E. ································· 56
Clinker, C. R. ··································· 59, 60
Colnock, Richard W. ······························· 141
Cooper, James F. ··································· 141
Copley, F. B. ··· 31
Cram, Thomas J. ··································· 141
Cranmer, H. J. ······································ 134
Crittenden, Alexander P. ··························· 141

索　引　147

[D]

Daggett, Stuart ·········97
Dauten, Panl M. ·········31
Davis, John ·········101
Devine, Carl T. ·········41
Dexter, F. G. ·········100
Diemer, Hugo ·········29
Dillon, Sidney ·········98, 100
Dimmock, Charles ·········141
Dix John A. ·········140
Dodge, G. M. ·········100
Domaghy, Thomas ·········84
Donaldson, T. ·········138
Dows, David ·········100
Drew, Daniel ·········90-93, 96
Duckman, Baron F. ·········110
Duke of Bridgewater ·········110
Dunan, S. H. ·········97
Dundas, L. ·········113

[E]

海老原竹之助 ·········22, 23
Ecker, Thomas T. ·········104
Eckert, T. T. ·········100
Edmonds, F. W. ·········92
Edwards, Ronald ·········25, 26, 47, 52
Edwards, R. E. ·········76
Edwards, R. S. ·········78
Edward, Tootal ·········82
Elliott, Byron K. ·········91
Elliott, William F. ·········91
Ellis, Hamilton ·········82, 127
Ellis, James M. ·········141
Emerson, Harrington ·········28
Emerson, W. H. ·········92
江村　稔 ·········12
遠藤輝明 ·········21
Engels, Friedrich ·········28, 41, 42, 51
Ewell, Benjamin S. ·········141

[F]

Faulkner, Harola Underwood ·········97
Fells, J. M. ·········23, 25, 26, 36
Fitzhugh, Henry W. ·········141
Fisk, Jim ·········93, 95, 96

Fleischman, Richard K. ·········31
Freeman, Michael J. ·········110
Friedenburg ·········22
福沢諭吉 ·········6, 11

[G]

Gantt, Henry L. ·········28
Garcke, Emile ·········23, 25, 26, 36
Gardner, Brian ·········54
Garner, S. Paul ·········26, 52
George, Jr., Claude S. ·········30
Gilbreth, Frank Bunker ·········31
Gilman, Nicolas P. ·········31
Glyn, Carr ·········63, 64, 82
Godard, M. ·········21, 52
Gold, Captain Abraham ·········86
Gomberg, L. ·········17
Gould, Jay ·········85-107
Gould, John Burr ·········86
Gourvish, T. R. ·········53-55, 58, 61, 62, 65, 74, 76-78, 80, 82-84
Grondinsky, Julius ·········103, 104
Gurney, Joseph John ·········120
Gurey, J. ·········148

[H]

Halsey, F. A. ·········29
浜本正夫 ·········54
Haney, Lewis H. ·········135, 137
Hardy, Thomas ·········124
Harper, John ·········92
長谷部文雄 ·········28
長谷川安兵衛 ·········11, 23, 25
橋本昭一 ·········28
Hatfield, Henry Rand ·········13, 23, 24
Haupt, Herman ·········140, 141
Have, O. ten ·········10
Hazzard, R. Eduard ·········139
Herbert, Alfred ·········141
Hicks, Frederick C. ·········96
平舘利雄 ·········138
平田重信 ·········138
Hoagland, John H. ·········31
Hobsbawm, E. J. ·········51
Hoole, K. ·········117

Hoskin, K. H. ……………………………… 140
Housel, C. C. ……………………………… 100
Huish, Mark ……………………………… 53-84
Humphreys, Scion ………………………… 100
Hungerford, Edward ………………… 91, 95
Huskinson, Willian ………………………… 20
Hyman, Anthony ……………………… 19-22

[I]

飯田貫一 ………………………………… 138
生田保夫 …………………………… 138, 139
今井　忍 ………………………………19, 27
井上幸治 ………………………………… 21
井上忠勝 ………………………………… 105
石田正二 ………………………………… 133
石井義信 ………………………………… 7
泉谷勝美 ………………………………… 14

[J]

Jackman, W. T. ……………………… 60, 107
Jeans, J. S. ………………… 118, 121, 123, 124

[K]

神武庸四郎 ……………………………… 51
加勢田博 …………………………… 133, 134
片野一郎 ………………………………… 12
片岡義雄 ……………………………… 12-14
加藤順介 ………………………………… 26
桂　芳男 ………………………………… 30
Keene, James …………………………… 104
Kilpatrick, Judson ……………………… 100
木村和三郎 …………………………… 25, 40
木村禎橘 ………………………………… 22
King, George …………………………… 61, 84
King, Rufus ……………………………… 141
Kirby, Maurice W. ………… 117, 118, 120
Kitching, John ………………………… 120
Kitching, William ……………………… 124
Klein, Maury ……… 87, 89, 91, 95, 96, 103-106
小林袈裟治 ……………………………… 102
小林照夫 ………………………………… 118
小林儀秀 ………………………………… 6
小林芳喬 ………………………………… 119
小島男佐夫 …………………………… 7, 12
Koontz, H. ……………………………… 31
久保田音二郎 ……………… 24, 25, 35, 47

救仁郷　繁 …………………………… 39, 93
黒澤　清 ……………………… 5-7, 11, 13, 22, 25
車戸　實 ………………………………… 31

[L]

Lardner Dionysius ………………… 67, 70, 82
Lee, David W. …………………………… 88
Leupp, Charles M. ……………………… 88
Leveson-Gower ………………………… 131
Littleton, A. C. ………………………… 12, 58
Loader, Benjamin ……………………… 91
Lord, Eleazar …………………………… 137
Loyd, Samuel Jones …………………… 21

[M]

Mac Dermont, E. T. …………………… 21
Macve, R. H. …………………………… 140
前田秀人 ………………………………… 10
Malthus, Thomas Robert ……………… 21
Mann, Jr., John ………………………… 26
Mantoux, Paul ………………………… 21
Marsh, C. C. …………………………… 6
Marshall, Alfred ………………………… 28
Martin, Henry ………………………… 89
Martin, Simon ………………………… 120
Martindale, John H. …………………… 141
Marx, Karl ……4, 12, 27, 28, 34, 39, 41, 43, 51, 70, 83, 105, 117
増地庸治 ………………………………… 25
松川七郎 ……………………………… 35, 73
McCallum, Daniel C. ……………… 62, 140
McClellan, George B. ………………… 140
McKee, William R. …………………… 141
Mckendrick, N. ……………………… 52, 110
McNeil, W. G. ………………………… 140
Menderison, A. I. ……………………… 138
Merrill, H. F. …………………………… 52
Mill, John Stuart ……………………… 27
Miller, Daniel G. ……………………… 89
Miller, Helen …………………………… 89
Miller, Nathan ………………………… 133
Mingay, G. E. ………………………… 133
宮上一男 ……………………………… 25, 47
水原正亨 ………………………………… 30
茂木一之 ………………………………… 28
茂木虎雄 ……………………………… 10, 11

Morrell, George W.	141
Moon, George	78
Moon, Richard	82, 83
Moorsom, C. R.	82
Morgan, J. P.	105, 107
森 杲	91, 93, 97, 135-137
森島修太郎	7
森下岩楠	7
Moss, John	56
Mottram, R. H.	106

[N]

永積洋子	10
中西広次	139
仲村政文	28
Newman, George	120
Newman, Henry	120
Newman, John	120
Newman, Josiah	120
Newman, Thomas	120
西川孝治郎	5-7, 12
西村孝夫	7
Norman, Royce W. Van	31

[O]

O'Connor, Richard	86, 88, 89, 104
O'Donnell, C.	31
岡山芳治	10
岡崎次郎	28
小椋廣勝	96
大久保哲夫	131
奥谷喬司	105
太田哲三	11
大内兵衛	35
Oyama, Hitomi	10
Owen, Robert	52
小関彰博	10

[P]

Pacioli, Luca	13, 15, 16, 26
Parker, Lee D.	31
Paton, W. A.	41
Payen, Anselme	21
Pease, Edward	120, 124
Pease, Joseph, jun.	124
Petty, William	72

Pollard, Sidney	30, 46, 52
Pollins, Harold	58, 61-63, 125
Poor, Henry Varnaum	91, 92, 94, 135, 137
Pratt, Edwin A.	110
Pratt, Zadoc	87
Priestley, Joseph	113

[Q]

Quesnay, F.	14

[R]

Ransom, Phoebe	124
Reed, M. C.	56, 59, 116, 129-131
Renick, Robert M.	141
Ricardo, David	21, 51
Richard, E. S.	125
Richardson, Thomas	120, 124
Rolt, L. T. C.	20
Rowan, James	29

[S]

Sage, Russell	100
Sakolski, A. M.	66, 131
Salsbury, R. C.	140
Sanford, C. W.	92
佐々木重人	66
佐藤正雄	27
Saunders, Franklin	141
Savage, Christopher I.	129, 131
Schell, Augustus	100
Schwenig, G. T.	31
Scott, W. L.	100
Senior, Nassau	21
Shand, Alexander Allan	6, 11
鹿野清次郎	22
敷田礼二	26
下野直太郎	15, 22
品田誠平	26
神馬新七郎	23
Slaughter, M.	70
Smith, Adam	21, 35, 37, 40, 109, 131, 132, 142
Smith, Albert	92
Smith Arthur	58, 59, 68, 84
Smith, Henry N.	89, 104
Smith, Richard S.	141
Smyth, Geo B.	100

Solomons, David ……………… 46, 52
園田平三郎 ………………………… 26
Stacey, George ……………………… 120
Steel, Wilfred L. …………………… 80
Stephenson, George ……………… 20, 83
Stephenson, Robert ……………… 60, 83
Stevens, Frank Walker …………… 93, 136
Stevens, William J. ………………… 106
Stover, John F. ……………………… 139
末永茂喜 ……………………………… 27, 40
菅谷重平 ……………………………… 30
杉浦克己 ……………………… 115, 128, 129
鈴木圭介 ……………………………… 134, 139
鈴木　喬 ……………………………… 31, 32

[T]

橘　　博 ………………………………… 28
高畠素之 ………………………………… 28
Talcott, Andrew …………………… 141
田中章義 ……………………………… 5, 16
田中文信 ……………………………… 121
田中藤一郎 …………………… 10, 12, 16
Tanner, Henry S. …………………… 132
Taylor, Frederick W. ………… 28, 29, 31, 32
Theobald, H. S. ……………………… 59, 66
Thompson, Clarence Bertrand ……… 29, 31
Thompson, W. Beverhout …………… 139
Tilghman, Lloyd …………………… 141
鳥羽欽一郎 …………………………… 102
徳川家康 ……………………………… 7
徳増栄太郎 …………………………… 21
東井正美 ……………………………… 133
Tooke, Thomas ……………………… 21
Towne, Henry R. …………………… 29
Toynbee, Arnold …………………… 51
Trevithick, R. ………………………… 66
津田正晃 ……………………………… 26
辻　厚生 ……………………………… 24
辻　圭吉 ……………………………… 138
Tugan-Baranowsky, Michael von …… 38, 39, 93
Turnbull, Gerald …………………… 110
Turner, Leopold ……………… 61, 76, 81, 83

[U]

上村麻子 ……………………………… 90
植村邦彦 ……………………………… 28

上野一郎 ……………………………… 31, 52
上野正男 ……………………………… 7
上總康行 ……………………………… 62
梅村　勲 ……………………………… 84
Urwick, L. F. ………………………… 31

[V]

Vanderbilt, Cornelius ……… 90, 92, 93, 96, 107
Vanderbilt II ……………… 90, 93, 96, 97
Verny, François Léonce …………… 11
Villefosse, M. A. M. Héron de ……… 33
Villers, Raymond …………………… 29, 41

[W]

和田一夫 ……………………………… 51
Walker, J. F. ………………………… 52, 84
Wallace, William B. ………………… 141
Ward, J. R. ………………………… 110-112
Watkin, Edward W. ……………… 67, 82
Web, G. T. …………………………… 41
Wedgwood, Josiah ……………… 52, 110
Weihrich, H. ………………………… 31
Wetmore, W. C. ……………………… 92
Wilson, D. M. ………………………… 89
Wilson, John H. ……………………… 83
Whishaw, Francis ………………… 55, 125
White, Henry K. …………………… 101
Whiting, Charles J. ………………… 141
Willieams, James S. ………………… 141
Woerishoffer, Charles ……………… 104
Wood, Nicholas ……………………… 20
Woodhouse, H. ……………………… 67
Wren, Daniel A. ……………………… 31
Wright E. J. ………………………… 31

[Y]

八木原友子 …………………………… 10
山本正美 ……………………………… 138
山下幸夫 ……………………………… 30
山脇悌二郎 …………………………… 10
Yamey, B. S. ………………………… 58
米田清貴 ……………………………… 26
York, Stephen ……………………… 124
吉田文和 …………………… 19, 28, 42, 43
吉田良三 ……………………………… 11, 22
吉川顕正 ……………………………… 6

行武和博……………………………………10 | 湯沢　威……………………………58, 76, 82, 112, 119

〔会社・団体名索引〕

〔凡　例〕
会社・団体名索引において，Rr. は Railroad, Ry. は Railway（鉄道会社），C. は Canal（運河会社），N. は Navigation（運河航行会社）を表わす。

[A]

Albany and Schenectady Rr. ················92
American Telegraph and Cable ············104
American Union Telegraph ···················104

[B]

Baltimore and Ohio Rr. ·········92, 135, 138, 139
Bridgewater C. ································110
Birmingham and Gloucester Ry. ·············84
Birmingham C. ·································112
Borromeo Company of London ···············7
Buffalo and Rochester Rr. ·····················136
Buffalo, Bradford and Pittsburgh Rr. ·········95

[C]

Central Branch Rr. ·······························99
Central of New Jersey Rr. ·····················103
Central Pacific Rr ··························98, 138
Chaplin and Co. ·································81
Chesapeake and Ohio C. ·······················133
Chester and Holyhead Rr. ······················84
Cleveland and Pittsburgh Rr. ···················89
Clifton Suspension Bridge ·····················83
Credit Mobilier ·································98

[D]

Delaware and Hudson C. ······················134
Delaware, Lackawanna and Western Rr.
 ···88, 103
Denver and Rio Grande Rr. ···················103
Denver Pacific Rr. ······························101
De Vereenigde Ost-Indisiche Compagnie (VOC)
 ···10

[E]

Electric and International Telegraph ·········83
Erie C. ····································132, 133
Erie Rr. ···························88, 90-92, 94-96

[F]

Forth and Clyde N. ·······················111, 113

[G]

Glasgow, Paisley and Ayr Ry. ·················55
Glasgow Paisley and Greenock Ry. ····54, 55, 78
Grand Junction Ry. ········53, 56-59, 78, 83, 128
Grand Northern Ry. ····························82
Great Western Ry. ······························20
Gurney and Co., Lyan ···················124, 126

[H]

Holland Land Co. ·······························133
Hudson River Rr. ·································92
Hudson River Steamboat Association ·········90

[I]

Illinois and Michigan C. ························133
Illinois Central Rr. ························137, 140
International Great Northen Rr. ···············103
Isle of Wight ·····································83

[J]

James River and Kanawha C. ··················133

[K]

Kansas Pacific Rr. ······················99, 101, 102

[L]

Lancashire and Yorkshire Ry. ······················83
Liverpool and Manchester Ry. ·······4, 20, 54, 56,
　83, 84, 115, 121, 125, 140
London and Birmingham Ry. ·······53, 56, 59, 63,
　76, 127-130
London and North Western Ry. ·······53, 54, 59,
　61, 64, 66-68, 70, 71, 76-78, 80-83, 128, 129
Loughborough N. ································112

[M]

Manchester and Birmingham Ry. ·······53, 59, 66,
　128
Manchester and Leeds Ry. ·························20
Manchester, Sheffield and Lincolnshire Ry.
　··81
Messrs Child and Co. ····························110
Miami and Erie C. ·······························133
Missouri, Kansas and Texas Rr. ················103
Missouri Pacific Rr. ······························103
Mohawk and Hudson Rr. ·······················135

[N]

New York and Erie Rr. ··········90, 136, 137, 140
New York and Harlem Rr. ·················90, 92
New York Central Rr. ·······92, 93, 97, 134-136,
　140
North Midland Ry. ·························116, 117
Northern Pacific Rr. ·····························139

[O]

Ohio and Erie C. ································133
Oxford C. ·······································111

[P]

Pennsylvania Main Line C. ·····················133

Pennsylvania Rr. ································92
Pickford & Co. ·································81

[R]

Richardson, Overend, and Co. ·················124
Robert Stephenson and Co. ·············117, 124
Rochester and Syracuse Rr. ····················136
Royal Bank of Scotland ·························113
Rutland and Washington Rr. ····················89

[S]

St. Louis, Iron Mauntain and Southern Rr.
　··103
Stockton and Darlington Ry. ·······20, 116, 118-
　120, 122, 124

[T]

Texas and Pacific Rr. ····························103
The English Trading House in Hirado ··········7
Tonawanda Rr. ·································136

[U]

Union Pacific Rr. ······98, 101, 103, 104, 138, 140
U. S. Steel ·····································107
Utah Central Rr. ································103

[W]

Wabash Rr. ····································103
Wabash and Erie C. ·····························133
West Point ····································140
West Pointers ··································140
Western Rr. ····································140
Western Union Telegraph ······················104

■著者紹介

中 村 萬 次（なかむら　まんじ）
    1913年　兵庫県姫路市に生まれる
    1935年　神戸高等商業学校（現在兵庫県立大学）卒業
    現　在　神戸商科大学名誉教授，商学博士（大阪市立大学）
主要著作
『簿記学概論』（税務経理協会），『運転資本の会計』（国元書房），『アメリカ独占体の会計政策』（神戸商科大学経済研究所），『資金計算論』（国元書房），『減価償却政策』（中央経済社，上野・大田賞），『会計政策論』（ミネルヴァ書房），『会計学の方法』（ミネルヴァ書房），『英米鉄道会計史研究』（同文舘出版，日本会計史学会賞），『米国鉄道会計史研究』（同文舘出版），『恐慌と会計―鉄道会計史の視座―』（晃洋書房），その他

会計史断章

2005年3月31日　初版第1刷発行

著　者　　中村萬次
発行者　　白石徳浩
発行所　　萌(きざす)書房
　　　　〒630-1242　奈良市大柳生町3619-1
　　　　TEL（0742）93-2234 / FAX 93-2235
　　　　[URL] http://www3.kcn.ne.jp/~kizasu-s
　　　　振替　00940-7-53629
印刷・製本　共同印刷工業・藤沢製本

© Manji NAKAMURA, 2005　　　　　Printed in Japan

ISBN4-86065-015-8